EL MUNDO DEL TRABAJO Y EL PODER POLÍTICO.

INTEGRACIÓN, CONSENSO Y RESISTENCIA EN LA CIUDAD DE MÉXICO A FINES DEL SIGLO XIX

CENTRO DE ESTUDIOS HISTÓRICOS

EL MUNDO DEL TRABAJO Y EL PODER POLÍTICO.
INTEGRACIÓN, CONSENSO Y RESISTENCIA EN LA CIUDAD DE MÉXICO A FINES DEL SIGLO XIX

Florencia Gutiérrez

EL COLEGIO DE MÉXICO

331.11097253
G9847mu

Gutiérrez, Florencia

El mundo del trabajo y el poder político : integración, consenso y resistencia en la ciudad de México a fines del siglo XIX / Florencia Gutiérrez -- 1a. ed. -- México, D.F. : El Colegio de México, Centro de Estudios Históricos, 2011.

274 p. ; 22 cm

ISBN 978-607-462-273-7

1. Trabajo y trabajadores -- México -- Ciudad de México -- Historia -- Siglo XIX. 2. Conflictos laborales -- México -- Ciudad de México -- Historia -- Siglo XIX. 3. Trabajo -- Aspectos políticos -- México -- Ciudad de México -- Historia -- Siglo XIX. I. t.

Primera edición, 2011

Camino al Ajusco 20
Pedregal de Santa Teresa
10740 México, D.F.
www.colmex.mx

ISBN 978-607-462-273-7

Impreso en México

Para Oscar y Haydée, mis padres

ÍNDICE

SEGUNDA PARTE
La toma de las calles

Tercera parte
Los trabajadores frente a la moralización y la disciplina porfiriana

AGRADECIMIENTOS

Esta investigación no hubiera sido posible sin el apoyo y colaboración de múltiples personas e instituciones. En primer lugar, quiero agradecer a Clara Lida, directora de la tesis doctoral que dio origen a este libro. Su lectura cuidadosa y sus comentarios incisivos fueron un estimulante desafío a lo largo de esta aventura académica. Su generosidad fue un sostén inconmensurable a lo largo de mi estancia en México.

En cuanto a las instituciones, quiero expresar mi reconocimiento a El Colegio de México por brindarme la posibilidad de llevar a cabo mi formación de posgrado; especialmente, a Javier Garciadiego, Guillermo Palacios y Ariel Rodríguez Kuri, quienes han dirigido el Centro de Estudios Históricos en los últimos años, así como a los coordinadores académicos, Pilar Gonzalbo, Luis Aboites y Sandra Kuntz. Gracias también a las secretarias Rosa María López y Rosa Quiroz por su permanente disposición a ayudarme. Asimismo, mi estancia en México y la culminación de este trabajo de investigación mucho le deben a las licencias otorgadas por las autoridades de la Facultad de Filosofía y Letras, de la Universidad Nacional de Tucumán, durante las gestiones de Luis M. Bonano y Elena Rojas Mayer. En términos económicos, las becas concedidas por El Colegio de México, la Secretaría de Relaciones Exteriores y el Instituto Nacional de Estudios Históricos de la Revolución Mexicana me otorgaron la tranquilidad y el tiempo necesario para desarrollar y culminar este trabajo de investigación. En el tramo final, es decir, en el proceso de corrección y reescritura del manuscrito, conté con el apoyo del Consejo Nacional de Investigaciones Científicas y Técnicas (Argentina), mediante una beca interna posdoctoral de reinserción y, posteriormente, con el ingreso a la carrera de investigador. El respaldo y los consejos de Clara Lida y la colaboración y compromiso de Ariel Rodríguez Kuri fueron clave para la publicación de este libro.

Una mención especial merecen Daniel Campi y María Celia Bravo. Quiero manifestar mi gratitud por su alentadora presencia en mi formación de grado y su invaluable y generoso apoyo para poder realizar mis estudios de posgrado en México, pero fundamentalmente por su afecto y amistad.

Diversos historiadores comentaron los resultados de mi investigación. En particular, quiero agradecer a quienes leyeron los borradores de este trabajo y me ayudaron a mejorarlo con sus críticas y sugerencias: Horacio Crespo, Javier Garciadiego, Sonia Pérez Toledo, Rosalina Ríos Zúñiga, Ariel Rodríguez Kuri, Elisa Speckman, Juan Pedro Viqueira y Pablo Serrano Álvarez. En este mismo sentido, fue muy gratificante recibir las observaciones de Fausta Gantús, Daniela Gleizer, Dolores Lorenzo, Inés Rojkind y Susana Sosenski. La posibilidad de compartir con ellas un grupo de lectura fue una experiencia enriquecedora y solidaria. En el tramo de las reescrituras y reformulaciones finales quiero agradecer las sugerencias y atentos comentarios de Mario Barbosa. A todos muchas gracias.

En la realización de este trabajo también conté con la disposición y amabilidad del equipo humano de diversos archivos y bibliotecas, ellos hicieron más fácil la búsqueda y localización de la información utilizada en este libro. En tal sentido, quiero reconocer el apoyo del personal de la Biblioteca y Hemeroteca Nacional, del Archivo Histórico del Distrito Federal, del Archivo General de la Nación, de la Biblioteca y el Archivo Histórico de la Universidad Iberoamericana y del Archivo Histórico de la Universidad Nacional Autónoma de México. De igual forma, mi agradecimiento al personal de la Biblioteca de El Colegio de México.

Un reconocimiento singular merecen quienes hicieron de mi estancia en México unos años muy felices. El afecto y el compañerismo de Fausta Gantús y Estela Roselló, así como el cariño de sus familias, fueron y siguen siendo un sostén inestimable. La amistad y calidez que me brindaron María José Rhi Sausi, Rodrigo Laguarda, Ursula Camba, Inés Ortiz, Alicia Gil, María del Carmen León, Mario Barbosa y Martha Santillán son un valor muy preciado para mí. Todos ellos son el principal motivo de mis recurrentes deseos de volver a México. Siempre cercanos en el cariño, más allá de los viajes y las distancias, no puedo dejar de mencionar la imprescindible amistad de Gustavo Rubinstein, Soledad Vidal, Diana Solórzano y Andrea Navarro. También quiero mencionar la complicidad y el compañerismo de Mariana Carlino, Gabriela Lupiáñez, Vanesa Teitelbaum, Marcela Vignoli, María José Navajas, Marcelo Figueroa, Lucía e Isabel Vidal y Silvia Hortt. Finalmente, mi agradecimiento y deuda mayor es con mi familia, por el apoyo incondicional y el cariño entrañable.

INTRODUCCIÓN

Las relaciones entre el poder político y las clases trabajadoras de la ciudad de México a fines del siglo XIX constituyen el tema central de este libro. El objetivo es reflexionar y renovar la mirada sobre un vasto tema que, tomando como ejes articuladores el consenso y la resistencia, desentrañe las claves de la negociación, la asimilación y la oposición de los trabajadores frente a los proyectos disciplinadores e integradores del Estado porfiriano.

En el periodo estudiado, alrededor de 70% de la población de la ciudad de México estaba conformada por artesanos, obreros industriales, pequeños comerciantes y trabajadores no calificados.[1] En ese amplio universo laboral, el artesanado ocupó un lugar de singular importancia pues constituyó un sector numérica y políticamente destacado, de gran trascendencia para la organización del asociacionismo mutualista. Se calcula que a mediados del siglo XIX, 38% de la población eran artesanos.[2] Estos trabajadores manuales calificados definieron el perfil productivo de la ciudad capital, pero en esta amplia categoría confluían múltiples actores: el artesano propietario de un taller, quien contrataba mano de obra para hacer funcionar su establecimiento; el trabajador ambulante que, como los zapateros o entuladores, salían con sus herramientas a recorrer las calles de la ciudad en busca de clientes; y los que convertían su vivienda particular en un espacio laboral y eran auxiliados por los miembros de su familia.[3]

Estos pequeños productores, quienes controlaban el proceso de producción y de circulación de sus mercancías con base en una escasa división del trabajo, establecieron una particular interlocución con el poder político. En este contexto, el asociacionismo mutualista no sólo constituyó la instancia más estable de vinculación del artesanado con la sociedad política, sino que coadyuvó a la formación de un novedoso proceso de autoidentificación laboral. La promoción de interrelaciones entre "trabajadores de distintos oficios, centros

[1] THOMPSON, 1992, pp. 308-312.
[2] ILLADES, 1993, p. 323.
[3] ILLADES, 1996, p. 39.

de trabajo y lugares de procedencia" favoreció una nueva forma de identificación que hizo que estos sujetos ya no se reconocieran "como zapateros, carpinteros o sastres, sino como parte de la clase trabajadora".[4]

Frente al mundo del artesanado urbano, el proletariado industrial ocupó un lugar subordinado. Habría que esperar a los albores de la siguiente centuria para asistir al surgimiento de un poderoso movimiento obrero organizado en sindicatos y mutualidades. En las décadas de 1870 y 1880 la presencia de centros manufactureros en la urbe capitalina no tuvo la importancia que sí revistió en otros espacios, como el Valle de México, donde se concentró un gran número de fábricas textiles.[5] Excepciones importantes fueron, por ejemplo, las fábricas La Minerva y Mercado de Guerrero que llegaron a contabilizar 160 y 360 operarios, respectivamente.[6] En síntesis, "dentro del conjunto de las manufacturas elaboradas en la ciudad, predominaban claramente las elaboradas en pequeños talleres [...] los giros industriales representaban poco más de 30% del total de los establecimientos existentes".[7]

La conformación del mercado laboral capitalino no puede desconocer la multitud de vendedores ambulantes, de pequeños y medianos comerciantes y de trabajadores urbanos —como cargadores y aguadores— que circulaban diariamente por las calles de la ciudad.[8] Sin embargo, estos actores no se analizan

[4] ILLADES, 1996, p. 22.

[5] En su estudio sobre los operarios textiles en el Valle de México, Trujillo Bolio precisa la localización y funcionamiento de las fábricas textiles existentes a fines del siglo XIX en la ciudad de México. TRUJILLO BOLIO, 1997, pp. 38-48. Cardoso señala que si bien el sector textil fue uno de los primeros en evidenciar el desplazamiento de los talleres artesanales por la industria nacional, todavía en 1880 numerosas actividades como la carpintería, la herrería o la platería seguían dominadas por la manufactura artesanal. CARDOSO, 1980a, p. 163.

[6] TRUJILLO BOLIO, 1997, p. 44.

[7] ILLADES, 2001a, p. 87. Para su análisis, Illades retoma las propuestas de COATSWORTH, 1990; GARZA, 1985, y CARDOSO, 1977. Para el caso francés, Sewell afirma que "dada la naturaleza de las ciudades y las manufacturas francesas, es perfectamente comprensible que la industria artesanal a pequeña escala conservara un claro predominio numérico bien superada la mitad del siglo XIX". Es más, "generalmente, el crecimiento de las fábricas no tendía a reducir, sino a multiplicar el número de artesanos". SEWELL, 1992, p. 220. Si bien faltan estudios que indaguen en la realidad productiva mexicana de fines del siglo XIX, creemos que el predominio numérico de los artesanos sobre los obreros fabriles y la convivencia de "diversos tipos de industria penetrados en distinto grado por las relaciones capitalistas" fue la realidad dominante. "El pequeño taller, con uno o varios artesanos, podría vivir al lado de la gran fábrica mecanizada o incluso robotizada. En el taller, el maestro artesano compraría trabajo asalariado, en calidad de capitalista, pero la división técnica del trabajo podría continuar siendo mínima y los artesanos, ahora asalariados, seguirían realizando un trabajo calificado". ILLADES, 2001b, p. 26. También remitimos a LEAR, 2001, p. 62.

[8] El estudio del trabajo en las calles de la ciudad de México en las primeras décadas del siglo XX ha sido analizado de forma sugerente por BARBOSA, 2008 y, en lo que respecta específicamente al trabajo infantil en la vía pública, por SOSENSKI, 2010, pp. 143-203.

en este libro, en tanto nuestro objeto de estudio se centra en aquellas labores que requerían de cierta calificación, es decir, suponían la existencia de mano de obra especializada. En razón de lo anterior, sí estudiamos la ocupación y lucha llevada a cabo por los artesanos con el propósito de resistir los proyectos modernizadores, y seguir apropiándose de las calles para hacer de ellas su ámbito de reproducción económica.

Este libro aborda el periodo comprendido entre fines de la década de 1870 y mediados de 1890. Privilegiamos estos casi 20 años porque nos permiten comprender las estrategias desarrolladas por el gobierno de Porfirio Díaz para capitalizar la herencia mutualista de la República Restaurada. Explicar las claves de esta coyuntura posibilita conocer las continuidades, rupturas y reajustes de la relación entre el universo mutualista y el poder político a lo largo de la segunda mitad del siglo XIX.

La llegada de Díaz a la presidencia de la nación, los vaivenes de la lucha partidista que imperó en la política nacional hasta mediados de la década de los ochenta y, finalmente, la consumación del régimen autoritario de Díaz, permite reconstruir el juego de negociaciones existente entre el poder público y el mundo del trabajo, y posibilita recuperar las complejidades y matices de esa recíproca necesidad de vinculación política. Así como el efecto de la lógica facciosa en las organizaciones laborales sirve para explicar la ausencia de un vínculo estable entre el mutualismo y el gobierno —particularmente significativo durante el gobierno de Manuel González—, la consolidación del régimen porfiriano se presenta como un momento clave en la institucionalización de dicho nexo. La asimilación política del segundo Congreso Obrero por el gobierno de Díaz es la muestra más clara de la fortaleza de este vínculo, que intentó ser cuestionado por un grupo de mutualidades en 1894.[9] Esta tenue línea de discrepancia con la dirigencia oficialista de los artesanos, fecha en que concluye este libro, al tiempo que evidenció un brote de disconformidad también mostró la capacidad de reorganización de la más importante confederación de trabajadores de la época en estudio.

Las protestas y participaciones públicas protagonizadas por los trabajadores de forma autónoma y contestataria al poder político, también incidieron en la definición de los problemas y en la delimitación del periodo en estudio.

[9] El análisis que realizó Illades sobre el Gran Círculo de Obreros de México no sólo nos permitió conocer un antecedente fundamental de las organizaciones laborales estudiadas en este libro, sino que, al sistematizar el patrón de comportamiento del Círculo frente al poder público entre 1872 y 1883, nos posibilitó observar ciertas continuidades en las conductas de los líderes artesanales frente a la llegada de Porfirio Díaz a la presidencia de la nación. ILLADES y SANDOVAL, 2000, pp. 119-134.

Dichas movilizaciones, poco analizadas por la historiografía, permiten reflexionar sobre los móviles que impulsaron las acciones de los artesanos y obreros, las prácticas de confrontación utilizadas para desafiar al poder político, las alianzas sociales establecidas para efectuar sus reclamos, así como la particular conformación de su "ideología popular" y su capacidad de organización.

Asimismo, el examen de estas movilizaciones posibilita comparar las actitudes y mecanismos de negociación y coacción puestos en marcha por Manuel González y Porfirio Díaz frente a la toma de las calles, nos permite advertir cómo el progresivo fortalecimiento de Díaz repercutió en la percepción y respuesta política esgrimida frente a las acciones colectivas. Por tanto, estas coyunturas nos presentan una imagen alternativa a la de apatía y pasividad con que comúnmente se caracterizó a las poblaciones urbanas del siglo XIX, en contraposición a la combatividad y resistencia de las zonas rurales, y posibilitan cuestionar el supuesto de la participación popular urbana como un fenómeno exclusivo del siglo XX.[10]

La ciudad de México, como centro político y administrativo de la República mexicana y sede de las principales organizaciones laborales —como el Congreso Obrero y La Convención Radical Obrera—, constituye un espacio privilegiado para observar la interacción entre las clases trabajadoras y el poder público. Al tiempo que Porfirio Díaz supo aprovechar la capacidad de movilización política del contingente mutualista —convirtiéndolo en una pieza de importancia para la consolidación y legitimación de su régimen—, los dirigentes artesanales capitalizaron este vínculo y sumaron a un amplio sector de las clases trabajadoras organizadas al proyecto porfiriano, incidiendo en el perfil liberal de estos sujetos sociales. En razón de la privilegiada interlocución que la ciudad de México brindó a los actores en estudio, las movilizaciones originadas en la capital de la República y protagonizadas por los artesanos y obreros, en franca confrontación con el poder político, resultan clave para comprender los móviles y la dinámica de la conducta pública de los trabajadores urbanos y descubrir, desde una perspectiva complementaria, algo más de la cultura política de los actores analizados.

[10] Quienes afirman que la participación política urbana en Latinoamérica surgió a principios del siglo XX hacen hincapié en dos argumentos: 1] la capacidad coercitiva de las élites, quienes habrían logrado implantar un estricto control sobre la sociedad civil, sofocando los brotes de disconformidad; y 2] la falta de interés de la población por los asuntos de orden público, lo que implicó que las acciones colectivas fueran puntuales irrupciones de carácter excepcional y espontáneo. La compilación de estudios realizada por Silvia Arrom y Servando Ortoll sobre los motines urbanos latinoamericanos entre 1765 y 1910 contribuye a cuestionar estos supuestos y permite estudiar las movilizaciones públicas desde una óptica renovadora. ARROM y ORTOLL, 2004.

Por otro lado, la capital del país se convirtió en el epicentro de las renovadas experiencias modernizadoras y moralizadoras porfirianas.[11] En esta ciudad se concentraron diversos esfuerzos encaminados a consolidar una población y una imagen de país acorde con las exigencias del progreso. Para el poder público, las clases trabajadoras de la ciudad de México, una de las más populosas de América Latina, fueron objeto de una nueva mirada. En consonancia con los esfuerzos desplegados por el mutualismo, el gobierno intentó regular y controlar las conductas públicas y privadas de los artesanos y obreros, prototipo del ciudadano honrado, tan caro a los ideales liberales de la época. Analizar este juego de imposiciones, resistencias y negociaciones nos permite configurar la complejidad de la relación entre el poder político y las clases trabajadoras a fines del siglo XIX.

Por último, es importante señalar que si bien este libro se circunscribe a la ciudad de México, la instalación de centros manufactureros en el Valle de México supuso la presencia de una clase trabajadora que en diversas ocasiones irrumpió en el escenario capitalino para actuar de manera conjunta con sus pares de la ciudad. Por tanto, las coyunturas de participación popular constituyen un observatorio privilegiado para analizar la movilidad y empatía existente entre el mayoritario mundo artesanal de la ciudad y el incipiente proletariado industrial del Valle de México.

Entre la integración y la resistencia: los trabajadores y el poder político

Este libro se divide en tres partes, cada una de las cuales ahonda, a partir de perspectivas diversas pero complementarias, en el entramado de coacciones, negociaciones y resistencias que caracterizaron la relación entre el poder político porfiriano y las clases trabajadoras urbanas.

Partimos del supuesto que, en las relaciones entre los pocos que detentan el poder y los muchos que son gobernados, el universo laboral urbano de fines

[11] En lugar de modernidad preferimos utilizar el término experiencias modernizadoras. Creemos que esta última expresión refleja de mejor manera la heterogeneidad y ambigüedad de los proyectos impulsados por las clases dominantes a fines del siglo XIX. En efecto, la concreción de los ideales modernizadores estuvo signada por singulares éxitos (valga como ejemplo la promoción ferrocarrilera o la formación de la banca), pero también por los vaivenes, las contradicciones y las dificultades. La modernización, más que una realidad homogénea y tangible, fue un conjunto de aspiraciones e ideales a veces paradójico y siempre de compleja aplicación. Para un calidoscopio de la modernidad mexicana, véase AGOSTONI y SPECKMAN, 2001.

del siglo XIX ocupó un lugar de singular importancia para el poder público. Las clases trabajadoras cumplieron un papel que no pasó desapercibido para la dirigencia política decimonónica, que supo capitalizar la fuerza numérica y las bases organizativas del mundo del trabajo.

En la primera parte de este libro se analizan los mecanismos puestos en marcha por el gobierno de Porfirio Díaz para afianzar la sujeción de las sociedades mutualistas al poder público. El estudio de esta estrategia político-institucional reconoce en las investigaciones de Carlos Illades acerca del asociacionismo laboral durante la República Restaurada un referente ineludible. Este autor señala que las sociedades de socorros mutuos perdieron el estatuto corporativo y, por ende, el lugar privilegiado que los gremios ocupaban en "la intersección de la esfera política y civil". Esta particularidad selló la fragilidad del nexo entre el mutualismo y la esfera política, dando lugar a los intentos "casi compulsivos de sus dirigentes" por vincularse de nueva cuenta con la clase gobernante.[12]

Comprender la debilidad y subordinación política de las organizaciones laborales a lo largo de la República Restaurada fue clave para entender la forma en que el gobierno porfiriano capitalizó esta sujeción para acentuar y definir el perfil liberal de los trabajadores urbanos de fines del siglo XIX. En tal sentido, este libro contribuye a develar cómo a partir de mediados de los ochenta —una vez superada la lucha facciosa que escindió al mutualismo y le imposibilitó entablar un vínculo estable con la sociedad política— la construcción hegemónica del poder por parte de Díaz supo aprovechar la desvinculación legal de las instituciones mutualistas, impedidas para actuar en la esfera política por la Constitución de 1857 y el Código Civil de 1871. La asimilación del segundo Congreso Obrero revela la capacidad del Presidente para capitalizar la marginación política de las sociedades de ayuda mutua, así como la necesidad de una dirigencia artesanal que, ávida de estrechar vínculos con el Estado, no dudó en sumarse al proyecto porfiriano, convirtiendo al mutualismo en una de las bases de apoyo y consenso del régimen de Díaz.

En este contexto de preocupaciones, nos preguntamos por qué 1886 resultó un año de crucial importancia en la relación entre el mutualismo y el gobierno. Se trata de comprender por qué en esa fecha, y a partir de la complicidad establecida entre Díaz y la dirigencia artesanal, se reactivó el Congreso Obrero de 1879, institución que logró consolidarse como la única confederación nacional de trabajadores de fines del siglo XIX. También procuramos

[12] ILLADES, 1996, pp. 80-82.

avanzar en las estrategias diseñadas durante el gobierno de Díaz e implementadas por la dirigencia artesanal para reorganizar La Convención Radical, que de ser un club político con pretendidas vinculaciones con las clases populares se convirtió, a partir de 1886, en el brazo político porfiriano en el mundo del trabajo y sumó a su denominación el mote de Obrera. Es decir, la Convención Radical Obrera asumió la instrumentación de la participación pública del contingente laboral que, reunido en mutuales y organizado en el Congreso Obrero, no estaba legalmente facultado para intervenir en asuntos de índole política.

Estas exitosas instancias de sumisión e integración se explican teniendo en cuenta diversos factores. Por un lado, el proceso de consolidación política de Díaz y las ambiciones reeleccionistas presidenciales necesitaban bases de convalidación social capaces de sustentar la idea del "hombre necesario" y promover la trascendencia de su continuidad en el poder, para ello la movilización y control del contingente mutualista se convirtió en un aliado de importancia. En el contexto obrero internacional, la propagación de organizaciones de clase de carácter socialista y anarquista reafirmaron entre las élites mexicanas la idea de que sólo la asimilación política del mundo laboral organizado podía actuar como un "cordón sanitario" capaz de evitar la influencia de la cultura de izquierda, que ganaba numerosos adeptos entre los trabajadores urbanos de Latinoamérica.

Por último, no se puede perder de vista la tradición de subordinación política del mutualismo mexicano. A partir de la República Restaurada los trabajadores procuraron el acercamiento, la negociación y el entendimiento con el poder público, y este último aceptó con beneplácito esta postura que le permitía armonizar y mediar en los conflictos laborales y le ayudaba a controlar el surgimiento de una clase combativa y militante. El escaso desarrollo de un discurso de clase y la tendencia a buscar alianzas con el Estado le permitieron a Díaz incidir en la identidad de los artesanos y obreros, afirmando tanto su filiación liberal como su tradición mutualista, dos condiciones clave para el control social y la capitalización política de estos sectores.[13] A su vez, esta subordinación le permitía al gobierno inculcar en los trabajadores los supuestos beneficios que implicaba la mediación de las autoridades políticas en los conflictos con sus patrones. Esta estrategia fue relevante en tanto alejó la posibilidad de la confrontación directa entre

[13] Entendemos el concepto de identidad como "un campo de conflicto, cruzado por influencias, presiones, resistencias, imágenes propias y ajenas, que se superponen, integran o rechazan", es decir, como "una manifestación del conflicto sobre el que se constituye una sociedad". ROMERO, 1987, p. 222.

obreros y empresarios, y evitó la radicalización de las demandas de los trabajadores.[14]

Otra arista de este libro es la vinculada a la movilización política de las clases trabajadoras organizadas, participación entendida como un componente importante de la relación entre estos actores y el gobierno porfiriano. Por tanto, ligada a la asimilación institucional, privilegiamos la recuperación de los aspectos simbólicos que marcaron la relación entre el mutualismo y el poder público. Estudiamos cómo el gobierno de Porfirio Díaz capitalizó la integración política del mutualismo y terminó apropiándose de las fiestas cívicas, "terreno por excelencia en que los trabajadores organizados tuvieron una presencia pública plenamente reconocida" durante la República Restaurada.[15]

La asimilación y resignificación que el gobierno de Díaz operó en las fiestas cívicas y el impulso con el que dotó a las movilizaciones electoralistas revelan su capacidad para controlar la participación popular, poniéndola al servicio del aparato gubernamental. Permite observar la actuación del mutualismo como un eficaz canal de vinculación entre el aparato estatal y las clases trabajadoras organizadas, a la vez que evidencia las nuevas y múltiples funciones que cumplieron los festejos patrios como instancias destinadas a inculcar la armonía social entre extranjeros y mexicanos o como mecanismos de legitimación del poder político.

Otro de los presupuestos que articula esta investigación fue pensar que más allá del control y la censura porfiriana, de las coacciones y manipulaciones de las clases gobernantes sobre los trabajadores, existieron intersticios que permitieron a los trabajadores de la ciudad de México poner en marcha estrategias de negociación y formas de resistencia frente al poder político.[16] Por tanto, en la segunda parte del libro estudiamos diferentes sucesos en los que la participación pública de las clases trabajadoras urbanas se articuló a partir

[14] Womack define esta modalidad de lucha laboral como de tipo política, al caracterizarla como aquella que induce o los trabajadores a "luchar exclusivamente (sin pensar en trabajadores de otros lugares o de otros oficios) por obtener protección de las autoridades contra sus patrones, y para que sus conquistas se incorporaran al derecho público". WOMACK, 1999, p. 419.

[15] ILLADES y SANDOVAL, 2000, p. 128. Las aportaciones de Illades en el estudio de la República Restaurada resultan importantes para explicar las transformaciones hechas a los festejos cívicos con Porfirio Díaz. Estas mutaciones, ligadas con las estrategias de asimilación política del universo mutualista, reformularon la participación de las clases trabajadoras y la carga simbólica de los festejos patrios.

[16] En la ciudad de México, las movilizaciones públicas y la toma de las calles como una instancia articulada por la sociedad civil para interactuar con el poder político estuvieron presentes desde principios del siglo XIX. En tal sentido, remitimos a los trabajos de PÉREZ TOLEDO, 1992; WARREN, 1994, 2000; ARROM, 2004; TEITELBAUM, 2008, y CACHO, 2005. Para el caso de Buenos Aires, destacamos la investigación de ROJKIND, 2008.

de la confrontación con los gobernantes. Lejos de las puntuales movilizaciones de corte electoralista o de las promovidas y controladas fiestas cívicas, en los tres capítulos que componen el segundo apartado, analizamos los alcances y límites de las movilizaciones, los motines y las protestas que, en abierta discrepancia con las autoridades públicas, implicaron la toma de las calles por los obreros y artesanos en unión con otros grupos sociales, como los estudiantes y periodistas.

Al comprobar que los motines y movilizaciones del periodo en estudio no se vincularon específicamente con reclamos o reivindicaciones de índole laboral, nos preguntamos cuándo y por qué los trabajadores ocuparon el espacio público para manifestar su desacuerdo con el poder. Descubrimos que tomaron las calles de la ciudad para hacerse escuchar en coyunturas donde peligraba su subsistencia, como sucedió en diciembre de 1883 ante la desvalorización de la moneda de níquel, o frente a situaciones que estimaban lesionaban la soberanía nacional o atentaban contra las bases del sistema liberal y representativo, como sucedió en 1884 con el reconocimiento y conversión de la deuda inglesa o en 1892 frente a la tercera reelección de Díaz.

Los actores involucrados en los motines y las participaciones públicas tenían "una valoración cultural y política de lo que significa[ba] el orden y el papel de la autoridad en el mantenimiento o modificación de ese orden"[17] y eran conscientes de su derecho y su capacidad de intervención en los asuntos de índole pública.[18] Los trabajadores intentaron mostrarse ante el gobierno como interlocutores legítimos, con demandas y reclamos que merecían ser escuchados, pero no hallamos ningún caso en el que eligieran la confrontación con el poder público y la toma de las calles como una estrategia para mejorar sus condiciones de trabajo o patentizar reclamos laborales; por el contrario, en estas coyunturas no se evidenció una clara conciencia de clase, ni una postura ideológica tendiente a modificar las bases organizativas de la sociedad. Las alianzas sociales, es decir, la vinculación de los trabajadores con los estudiantes y periodistas capitalinos, la identificación y defensa del liberalismo por el artesanado y la ausencia de reclamos y demandas vinculadas al mundo del trabajo definen, en gran medida, el tipo de protestas públicas detectadas.

[17] Rodríguez Kuri, 2005, p. 169.

[18] Si bien no es materia de este libro, no desconocemos la importancia de las movilizaciones en el estudio de la construcción de la ciudadanía. Estas instancias de participación pública, así como las elecciones, la prensa y el asociacionismo, coadyuvaron a la definición de la ciudadanía política. Lejos de miradas excluyentes y lineales, el estudio de la toma de las calles constituye una perspectiva clave para explorar cómo la formación y ejercicio de la ciudadanía también fue un proceso construido "desde abajo".

A manera de contrapunto, nos preguntamos acerca de la percepción y respuesta política de las élites gobernantes frente a las movilizaciones populares, específicamente nos interrogamos cómo y por qué el gobierno fue transformando su postura frente a la toma colectiva de las calles. La respuesta de Manuel González ante al motín de 1883 difiere sustancialmente de la posición asumida por Porfirio Díaz frente a las movilizaciones de 1892. A lo largo de esta década es posible constatar cómo se fue recrudeciendo el uso de la fuerza pública para reprimir las manifestaciones públicas y de qué forma el progresivo contubernio entre los poderes ejecutivo y judicial conllevó a la manipulación del cuerpo legal y la aplicación sesgada de la ley. En tal sentido, el fortalecimiento del régimen implicó una transformación sustancial en la sensibilidad y capacidad de negociación del poder público frente a las protestas de las clases populares urbanas.

En síntesis, en las dos primeras partes de este libro observamos cómo la integración política y la definición de las demandas laborales de los actores fueron permeadas por la injerencia del poder político y la impronta del mutualismo y el liberalismo. Sin embargo, también procuramos rescatar las coyunturas donde los trabajadores articularon formas de confrontación y contradiscursos que, aunque de forma tenue, podemos inscribir en el marco de una progresiva lucha de clase.

La preocupación y la resistencia que ciertos referentes del mundo laboral (como los panaderos y cigarreras) evidenciaron por las condiciones laborales de sus pares de otras fábricas y talleres, algunas ocasiones en que frente a la declaración de huelgas evitaron la intermediación política y optaron por la confrontación directa con los patrones, así como las manifestaciones de hispanofobia presentes en las coyunturas de movilización revelan parte de esa trama de experiencias en la que un grupo de hombres y de mujeres soporta la explotación, "identifica los lazos de los intereses antagónicos, se pone a luchar en torno a esos lazos: en el curso de ese proceso de lucha se descubre a sí misma como clase". Clase y conciencia de clase son siempre el último y no el primer escalón de un proceso histórico real.[19]

Como señaló Edward Thompson, debemos evitar atacar o distorsionar la historia para salvar las categorías. Por tanto, analizar el proceso de formación de la clase trabajadora mexicana a fines del siglo XIX implica recuperar sus intrínsecas tensiones y ambigüedades. Restituir su filiación mutualista y liberal, junto con sus expresiones de xenofobia o sus medidas de fuerza supone aceptar que "ningún modelo puede darnos lo que debería ser la 'verdadera'

[19] THOMPSON, 2002, p. 171.

formación de clase en un determinado 'estadio' del proceso: el modelo sólo tiene un valor heurístico [y] puede resultar peligroso por su tendencia a una concepción estática". Aceptar que la clase es una categoría histórica, real y empírica implica asumir que ninguna formación de clase es "más auténtica o más real que otra".[20]

Finalmente, en la tercera parte de este libro exploramos la forma en que los proyectos moralizadores y disciplinadores diseñados por el gobierno porfiriano y articulados, en buena medida, con la anuencia y colaboración de la dirigencia artesanal, afectaron la cotidianeidad de las clases trabajadoras.[21] Pensamos que las implicaciones de un proyecto que pretendía implantar en México los componentes indispensables para hacer de la nación un referente del progreso industrial y capitalista, y alcanzar el reconocimiento como un país integrado al mundo cosmopolita, debió afectar los hábitos y conductas de los trabajadores y, por consiguiente, aparejar una serie de conflictos y resistencias.

Muchas de las aristas de esta empresa de imposición sociocultural fueron asumidas por los líderes artesanales, por tanto, el discurso moralizador porfiriano encontró en la esfera de las mutualidades y en la prensa obrera un canal de expresión y divulgación que coadyuvó a modelar las conductas públicas y privadas de los trabajadores. El control del alcoholismo y la promoción de la higiene del cuerpo y el vestido, la restricción del trabajo artesanal en las calles y la censura de ciertos espacios de diversión popular, como los jacalones o teatros provisionales, fueron algunos de los proyectos asumidos por las élites porfirianas para adecuar la ciudad a la imagen de orden y progreso que se quería brindar a conciudadanos y extranjeros e implantar una disciplina laboral moderna.[22] Asimismo, logramos adentrarnos en algunas de las múltiples

[20] THOMPSON, 2002, pp. 173-174.

[21] En este contexto, los artículos compilados por Clara Lida y Sonia Pérez Toledo constituyen un sugerente ejemplo de las preocupaciones que guiaron a las élites de México y Guatemala en la primera mitad del siglo XIX y las medidas coactivas que pusieron en práctica para regular y normar "las actividades públicas de las multitudes, insistiendo en sus obligaciones como trabajadores, pero restándoles libertades en sus actividades recreativas durante su tiempo libre". LIDA y PÉREZ TOLEDO, 2001, p. 7. Asimismo, subrayamos los trabajos de Sonia Pérez Toledo, particularmente sus investigaciones sobre las formas que asumió la coacción entre los trabajadores urbanos de la ciudad de México en la primera mitad del siglo XIX. PÉREZ TOLEDO, 1993, 2001.

[22] Para las élites porfirianas la embriaguez y falta de higiene implicaban una grave amenaza que atentaba contra la moral y la conservación del orden social. En tal sentido, los trabajos de Claudia Agostoni resultaron de gran valía para incursionar en la imbricación de estos problemas sociales y para conocer cómo entre las clases populares, los prejuicios y las falsas concepciones acerca de la limpieza corporal implicaron un obstáculo para la concreción de los afanes higienistas. AGOSTONI, 2001, 2003, 2005. Asimismo, las investigaciones de Elisa Speckman sobre la legislación porfiriana nos ayudaron a comprender que el interés por las conductas y hábitos de las

respuestas articuladas por las clases trabajadoras frente a este conjunto de coacciones, procurando recuperar el discurso de los trabajadores en defensa de sus intereses y las estrategias esgrimidas para resistir a los imperativos porfirianos y perseverar en sus prácticas y costumbres.

La apuesta por una historia social con la política restituida

Este libro se inscribe en las preocupaciones de la historia social y los aportes que, en las últimas décadas, resultaron de la "recuperación de la centralidad de la esfera política o, más genéricamente, del ámbito de 'lo político' en la historia".[23] En estas páginas está presente la intención de restituir lo político a lo social para acercarnos a la comprensión de la clase trabajadora mexicana en su condición de objeto y sujeto de la política. Al preguntarnos por las políticas de asimilación e integración del Estado porfiriano, así como por las estrategias que articularon los artesanos para negociar, resistir o consensuar frente a estos imperativos, apostamos por una historia que entreteje la perspectiva "desde abajo" con la mirada "desde arriba".[24] La aspiración es configurar "*una historia social de la política*, descubrir las *condicionantes* de la polí-

clases trabajadoras deben ser atendidas a la luz de las preocupaciones de un Estado que intentó normar y regular los más variados aspectos de la vida social, y en ocasiones de la esfera privada, de sus ciudadanos. Por otro lado, sus trabajos destinados a desentrañar los códigos y pautas de comportamientos deseables, así como los imaginarios vinculados al amor y al desamor a partir de los impresos de la imprenta de Antonio Vanegas Arroyo, fueron clave para interpretar las ilustraciones de José Guadalupe Posada analizadas en este libro. Speckman, 2001a, b, c.

[23] Barriera, 2002, p. 185. Este autor afirma que la noción de retorno o renacimiento de la historia política debe ser repensada, ya que no se trata de una vuelta, sino de una recuperación de lo político, dado que nunca dejó de hacerse historia política. Barriera prefiere "hablar no de una historia política, sino de una historia social con lo político restituido, con sujetos sociales reales y privilegiando a todo precio el nivel de las relaciones entre estos sujetos como papel preponderante a la hora de caracterizar el conjunto social". Barriera, 2002, p. 187.

[24] Seguimos la propuesta elaborada por Grez Toso, 2005, p. 27. Como señala Julián Casanova, en su orígenes uno de los significados de la historia social fue aquel que servía para aglutinar las investigaciones que abordaban distintos aspectos de lo social, perspectiva tradicionalmente marginada por el reinado excluyente de una historia de corte político-diplomático-militar. Por oposición, el nuevo peligro radicaba en excluir lo político del análisis histórico y convertir, como lo denunció G.M. Trevelyan en 1944, a la historia social en una historia "con la política excluida". A fines del siglo xx, el rechazo de la historia social por los problemas políticos fue denunciado en reiteradas oportunidades. Los principales blancos de ataque fueron el ecologismo-estructuralista braudeliano, el culturalismo y el apego a las cifras y las series de algunos historiadores sociales. Casanova, 2003, pp. 141-167.

tica por lo social y, a la vez, desentrañar las influencias de la política sobre lo social".[25]

Sin duda, los historiadores de la tradición marxista británica, como Eric J. Hobsbawm, Edward P. Thompson, Raphael Samuel y Rodney Hilton, entre otros, han sido centrales en la recuperación historiográfica de las experiencias y capacidad de acción de "los de abajo" y el análisis de la lucha de clases. Estos autores hicieron patente que las relaciones de clase implican dominación, confrontación, lucha y resistencia, no únicamente con el terrateniente, el patrón o el clero, sino con el Estado; por ello, en sus estudios no pasaron desapercibidas las interacciones de la "gente corriente" con el poder político. Sus trabajos revelaron cómo las clases populares enfrentaron el poder compulsivo y coactivo del Estado para seguir controlando los ritmos y modalidades de su vida cotidiana; explicaron de qué forma estos sectores se aliaron con facciones disidentes de las élites para presionar por sus demandas o legitimaron sus motines de subsistencia en los principios de la "economía moral paternalista".[26]

Lejos de miradas excluyentes, demostraron que una historia desde abajo siempre implica que por encima hay algo por lo que debemos interrogarnos.[27] Este supuesto condujo a preguntarnos por las experiencias políticas de las clases populares, nos obligó a situar su derrotero en diversos contextos, sin desconocer que "los gobernantes y la muchedumbre se necesitan unos a otros, se vigilan también mutuamente", realizan un juego de "teatro y contrateatro utilizándose los unos a los otros como espectadores", situación que condiciona los comportamientos políticos de ambos actores.[28]

Esta preocupación de lo social por lo político también se evidenció, particularmente en las últimas tres décadas, en sentido contrario, es decir, en el interés que la historia política ha demostrado por restituir en sus estudios los aspectos de índole social. En recientes interpretaciones del pasado latinoamericano, la vinculación entre la sociedad civil y los pocos que asumen su representación y detentan el poder político ha dado lugar a un novedoso campo de

[25] Grez Toso, 2005, p. 25.

[26] Destacamos las obras de Hilton, 1977; Hobsbawm, 1979, 1983, 1987; Thompson, 1977, 1984, 1995, y Samuel, 1984.

[27] Sharpe, 1999, p. 51. Silvia Arrom y Servando Ortoll señalan que los motines constituyen una fuente primordial para la comprensión no sólo de la historia social, sino de la historia política latinoamericana. Afirman que "cada día es más evidente que la separación de la historia política y social en el pasado ha distorsionado nuestra comprensión de cómo funcionaban las ciudades latinoamericanas. Ya es hora de unir los estudios de la política de las élites con los de la protesta de las masas, y de concentrarnos en el estudio de cómo funcionó el sistema político en su totalidad". Arrom y Ortoll, 2004, p. 30.

[28] Thompson, 1995, p. 74.

investigación. Algunos de los temas que han revitalizado el análisis del poder son aquellos que se preguntan cómo y cuándo surgen nuevas formas de dominación; qué papel desempeñan quienes ocupan un lugar subordinado en la construcción del poder político; cómo las clases dominantes intentan manipular la participación popular para conjugar la necesidad política de su movilización y su imprescindible control social.[29] En efecto, esta historia política "es cada vez más social y cada vez más total; intenta mostrar el rostro cotidiano y estructural de la política entendida como *locus* y como arena de negociaciones, como estructura y como práctica estructurante en donde pueden leerse de una manera privilegiada las relaciones sociales reales, objeto preeminente de una historia sin más".[30]

En suma, creemos que la posibilidad de estudiar las relaciones del mundo del trabajo con el poder político porfiriano, adentrándonos en el juego de imposiciones, resistencias e integraciones promueve un tipo de historia donde lo social y lo político se vinculan y retroalimentan, ayudándonos a comprender aspectos centrales de la vida de "los de abajo". "La política y lo político pueden ser el campo por excelencia en el que sujetos colectivos que sólo han tenido existencia sociológica (como el artesanado del siglo XIX o la clase obrera del siglo XX), devienen en *sujetos históricos* en búsqueda de identidad y autonomía. Esto es posible porque la política [...] es por antonomasia un campo privilegiado de decantación y defensa de los intereses de las clases y grupos sociales".[31]

Esperamos que las siguientes páginas, al contribuir a explicar aspectos de la interlocución entre las clases trabajadoras y el poder público, permitan recuperar ese juego dialéctico que, propio del desarrollo histórico, confronta las estrategias de la dominación con los mecanismos de resistencia a la coerción.[32] Al rescatar las expresiones de disconformidad, así como la capacidad de integración y negociación de "los de abajo" frente al gobierno porfiriano, esperamos colaborar con la inteligibilidad de ese proceso en el que fue construyéndose y definiéndose la identidad histórica y política de la clase trabajadora mexicana.

[29] La compilación realizada por Hilda Sabato en torno al problema de la ciudadanía en América Latina sintetiza los problemas y preocupaciones que guían esta nueva aproximación a la historia política. SABATO, 1999. Para el caso argentino mencionamos los trabajos de SABATO, 1998, y SABATO y LETTIERI, 2003; para Brasil remitimos a DE CARVALHO, 1995, y para México al artículo de CARMAGNANI y HERNÁNDEZ CHÁVEZ, 1999.

[30] BARRIERA, 2002, p. 187.

[31] GREZ TOSO, 2005, pp. 28-29.

[32] THOMPSON, 2002, p. 113.

Primera parte

EL UNIVERSO MUTUALISTA Y LOS MECANISMOS PORFIRIANOS DE INTEGRACIÓN

I
LAS ORGANIZACIONES LABORALES Y EL PODER POLÍTICO: DE LA LUCHA PARTIDISTA A LA HEGEMONÍA PORFIRIANA[1]

A principios de 1876 —en medio de la turbulencia revolucionaria comandada por Porfirio Díaz para poner coto a las aspiraciones reeleccionistas de Sebastián Lerdo de Tejada— logró conformarse, por iniciativa del Gran Círculo de Obreros de México (GCOM), el primer Congreso Obrero (CO), cuya misión era constituir la Gran Confederación de Asociaciones de Trabajadores de los Estados Unidos Mexicanos.[2] Frente a la cuestionada reelección presidencial de Lerdo de Tejada, la dirigencia del Gran Círculo pretendió controlar a la naciente organización a fin de garantizarle su apoyo;[3] dicho proyecto contó con la oposición de varias de las sociedades allí representadas, que reclamaron la prescindencia política del primer Congreso y retiraron las credenciales de

[1] Teniendo en cuenta que la diversidad de organizaciones laborales y, en muchos casos, la similitud de sus nombres puede generar confusiones, consideramos pertinente hacer algunas precisiones. Durante el periodo en estudio se instalaron dos Congresos Obreros: en 1876 se fundó el primer Congreso Obrero (CO); en 1879, producto de una escisión, se organizó el segundo Congreso Obrero, ambas instituciones tuvieron alcance nacional y carácter mutualista y confederal. Otra de las organizaciones laborales más destacadas de la época fue la Convención Radical Obrera (CRO), círculo político que actuó en el universo laboral entre 1888 y 1903. La CRO nació de la Convención Radical (CR), club que desde mediados de la década de 1870 actuaba en la esfera pública capitalina y que en 1886 quedó instituido como el brazo político de Díaz en el mundo laboral. En 1888 la CR sumó a su denominación el mote de Obrera. Asimismo, en 1886 apareció el primer ejemplar del periódico *La Convención Radical*, cuyo nombre también sumó, en 1888, el calificativo de Obrera.

[2] Si bien no se puede precisar con exactitud el origen del GCOM (1872-1883), varios autores coinciden en señalar que su raíz se encuentra en la Sociedad de Obreros del Septentrión, fundada en la ciudad de México el 27 de noviembre de 1871. En "un principio, [el GCOM] al parecer, tuvo un cariz mutualista, aceptando la filiación individual y colectiva". En su instalación se fijó como propósitos "mejorar la condición económica y moral de la clase obrera; capacitarla y ampliar su instrucción cívica; defenderla de los excesos tanto de los capitalistas como de los maestros artesanos; vincular a los obreros a escala nacional; proteger la industria y el desarrollo de las artes". ILLADES y SANDOVAL, 2000, p. 122.

[3] Ésta fue la primera vez que un sector del mutualismo promovió la adhesión de una confederación laboral a una candidatura presidencial. En este caso, la pretendida manipulación del Congreso a favor de la candidatura de Lerdo de Tejada se hizo evidente cuando se discutió el artículo 8 del proyecto de acta constitutiva, que pretendía otorgar provisionalmente la dirección del Congreso al presidente del Gran Círculo de Obreros de México.

aquellos diputados que, incumpliendo las prescripciones reglamentarias, hicieron "degenerar a esas sociedades hasta club lerdista".[4] Finalmente, ante la imposibilidad de concretar el respaldo institucional, la adhesión se dio a conocer a título individual por algunos artesanos.[5]

Meses después, el triunfo de Tuxtepec modificaría el escenario mutualista. En noviembre de 1876 la ocupación de la ciudad de México por el denominado Ejército Constitucionalista, a las órdenes de Díaz, irrumpió en las instalaciones del ex Colegio de San Gregorio, donde el Gran Círculo de Obreros de México arrendaba a la Sociedad Artístico-Industrial un local; la represalia alcanzó a los líderes artesanales lerdistas, quienes fueron desplazados de la dirección de ambas instituciones.[6]

Mediante esta demostración de fuerza, Porfirio Díaz le cobró a los dirigentes artesanales del Círculo el apoyo brindado a la reelección de Lerdo de Tejada. A partir de este suceso, y durante casi 10 años, el asociacionismo laboral careció de un vínculo estable con la esfera política: por un lado, infructuosamente Díaz intentó reorganizar las bases del mutualismo urbano; por el otro, la lucha partidista que sacudió al país arrastró a los líderes artesanales a alianzas estériles que profundizaron la inherente debilidad del asociacionismo para interactuar con la sociedad política.

Finalmente, y de forma paradójica, a mediados de la década de 1880 observamos la asimilación gubernamental del grupo de dirigentes artesanales que en 1876 protestaron contra la injerencia política del mutualismo —impidiendo el respaldo del primer Congreso Obrero a la candidatura de Lerdo de Tejada, motivo por el cual llegaron al rompimiento con el Gran Círculo de Obreros. A partir de 1887, los principales líderes mutualistas brindaron un decidido respaldo al gobierno porfiriano, al que garantizaron el apoyo institucional del nuevo Congreso Obrero —la más importante confederación obrera de la época—, y su compromiso como promotores de las reelecciones presidenciales.

La sujeción del mundo del trabajo organizado a los vaivenes del derrotero político nacional puede explicarse teniendo en cuenta las particularidades de

[4] *El Proteccionista*, 20 de junio de 1876, en Obregón, 1980, p. 201. La imposibilidad de las sociedades mutualistas de vincularse de forma corporativa con la sociedad política las orilló a buscar alianzas con el poder público. En tal sentido, las elecciones se convirtieron en un espacio de negociación tendiente a estrechar vínculos y garantizar al artesanado un canal de interlocución con la esfera política. La adhesión a la candidatura de Lerdo de Tejada puede leerse en esta clave de interpretación.

[5] Una lista de los artesanos que brindaron su apoyo a la candidatura de Sebastián Lerdo de Tejada se encuentra en Illades, 1996, p. 195.

[6] El antiguo Colegio de San Gregorio fue devuelto al Gran Círculo de Obreros de México en 1878. Sosenski, 2007, p. 78.

la legislación que enmarcó el derecho de asociación en México que, como derecho natural del hombre, fue incorporado a la Constitución Federal de los Estados Unidos Mexicanos de 1857 y reglamentado en 1871 con la promulgación del Código Civil.[7] Por medio de esta codificación, las mutuales y las cooperativas —amparadas en la figura del contrato de sociedad— alcanzaron legitimidad jurídica y fueron reconocidas como sociedades civiles y particulares.[8] Los socios tenían derechos y obligaciones semejantes, resolvían sus asuntos por "mayoría de votos"[9] y en caso de fallecimiento los herederos tenían "derecho al capital y utilidades que al finado correspondan".[10]

Las sociedades mutualistas, a diferencia de los antiguos gremios, circunscribieron su radio de acción a la esfera civil, perdieron el estatuto corporativo y, por ende, quedaron legalmente imposibilitadas para establecer un vínculo directo con el Estado.[11] Por tanto, las restricciones pautadas por el Código Civil acotaron la injerencia asociacionista a las esferas económica y social, circunstancia que selló la debilidad del discurso político de los trabajadores y condicionó la subordinación del mutualismo al poder público. "De esta manera [las mutuales] arribaron a la década de 1880 adoleciendo de un discurso claramente diferenciado del liberal y de una forma organizativa que las pudiera vincular directamente con la acción política".[12]

Esta especial situación legal —marcada por la carencia de atributos políticos— obligó a los dirigentes de las sociedades laborales a buscar alianzas con las estructuras gubernamentales, optando por el entendimiento y la dependencia frente a las autoridades; de esta manera, se formalizó la sujeción de las mutualidades al poder público que, característico de la República Restaurada, se afianzó y profundizó durante el porfiriato. La subordinación política del asociacionismo frente al aparato estatal debe enmarcarse en el particular estatuto jurídico de las sociedades de auxilios mutuos, pero también en

[7] Illades, 1996, pp. 80-81.

[8] "La sociedad particular es la que se limita a ciertos y determinados bienes, sus frutos y rendimientos, o a cierta y determinada industria", *Código Civil*, libro tercero, título undécimo, capítulo III, artículo 2384.

[9] *Código Civil*, libro tercero, título undécimo, capítulo IV, artículo 2429.

[10] *Código Civil*, libro tercero, título undécimo, capítulo VI, artículo 2444.

[11] "A diferencia del gremio, las sociedades de socorros mutuos y las cooperativas perdieron su estructura jerárquica [...] e incorporaron a socios jurídicamente iguales; fueron despojadas de su carácter coercitivo y el reclutamiento se basó en la afiliación voluntaria; perdieron su estatuto corporativo, que les otorgaba un lugar privilegiado en la intersección entre las esferas política y civil, situándose exclusivamente en el segundo. Illades, 1996, p. 81. Para un análisis de la estructura y funciones de los gremios, véase Pérez Toledo, 1996, especialmente, pp. 57-71.

[12] Illades, 1996, p. 204.

razón de la empatía ideológica entre ambos actores. En tal sentido, el liberalismo actuó como un sustrato homogeneizador capaz de cohesionar y brindar un marco de referencia básico para el entendimiento entre el gobierno y las agrupaciones de ayuda mutua. La debilidad legal del mundo laboral organizado para actuar en la sociedad política y la capacidad aglutinante de la doctrina liberal explican, en gran medida, la subordinación del mutualismo al poder público.

El asociacionismo mutualista, al promover entre los trabajadores "su amor a la patria, al sistema liberal republicano y a la paz y orden establecidos",[13] coadyuvó a frenar hasta principios del siglo XX la expansión del socialismo y las sociedades de resistencia. El Congreso Obrero (CO) y la Convención Radical Obrera (CRO), las dos instituciones laborales más destacadas del periodo, se consolidaron como instancias de organización clave para la sujeción política, la controlada participación pública y para disciplinar a gran parte de la clase trabajadora urbana, que forjó su identidad laboral en los principios mutualistas y liberales. Estas organizaciones —materialización de un discurso, de una ideología y de un conjunto de prácticas— modelaron la identidad de los trabajadores e influyeron en el comportamiento de un significativo segmento del mundo laboral que actuó condicionado por los imperativos del poder político. No menos importante resultó la intervención de los líderes de estas instituciones en el diseño e instrumentación de estrategias públicas que, destinadas a brindar bases de legitimidad y consenso político, sirvieron para avalar la continuidad de Porfirio Díaz en el poder.

1. Política y mutualismo, 1876-1885

En enero de 1876, en un clima signado por la proclama del Plan de Tuxtepec y la inminente propagación de la causa revolucionaria que pondría en jaque al gobierno de Lerdo de Tejada, la mesa directiva del Gran Círculo de Obreros de México (GCOM), fundado en julio de 1872, invitó a las mutualidades a confederarse en un proyecto de alcance nacional. El propósito político detrás de este llamamiento quedó formulado en la convocatoria que impulsaba a que "en su seno se discutan las altas cuestiones de actualidad". La respuesta de algunas sociedades, frente a las intenciones de intervención política que encerraba este llamado, llevó a los dirigentes del GCOM a aclarar que:

[13] *La Convención Radical Obrera,* 17 de mayo de 1891.

> en obsequio del buen nombre del Gran Círculo, así como de la única y verdadera tendencia de procurar el mejoramiento de la sufrida Clase Trabajadora, debo manifestar a nombre de la referida corporación, que consecuentemente con sus Estatutos le está prohibido tratar negocio alguno que tenga que ver con la política o la religión.
>
> Sirva esto de aclaración a todas las sociedades en virtud de algunas indicaciones que a este respecto hicieron en la última sesión del Gran Círculo.[14]

Ante la proximidad de los comicios presidenciales, a realizarse en julio de 1876, la mesa directiva del GCOM pretendía controlar a la naciente confederación a fin de garantizar su apoyo a la candidatura de Lerdo de Tejada. Esta maniobra contó con la oposición de varias de las sociedades allí representadas, que se escindieron para proclamar la prescindencia política del primer Congreso y constituir el denominado Círculo de Obreros de la Unión (COU), empresa apoyada por Francisco de Paula y González desde el periódico *El Hijo del Trabajo*.[15] La deserción fue el indicador más visible del descrédito y las desavenencias surgidas en el primer Congreso; la falta de quórum para sesionar fue una explícita muestra de la negativa de muchos diputados a participar de un Congreso que no estaba dispuesto a demostrar su distancia frente a las cuestiones políticas.

En noviembre de 1876 la victoria de la revolución de Tuxtepec puso fin al gobierno de Lerdo y allanó el camino para la llegada de Porfirio Díaz a la presidencia de la nación. El triunfo tuxtepecano conllevó a la desarticulación y posterior reemplazo de la dirigencia artesanal que había impulsado en 1876 la reelección de Lerdo de Tejada. "El general Díaz le pasó la factura por el coqueteo de la dirección del Gran Círculo con Lerdo; sus tropas ocuparon el inmueble de San Gregorio",[16] local donde las sociedades mutualistas se reunían para sesionar. Asimismo, el presidente buscó estructurar un nuevo círculo de adeptos, proyecto para el que se valió de los dirigentes Carlos Larrea, Miguel Sánchez Tagle y Vicente Pagaza. Estos nuevos líderes no lograron asimilar la estructura del Gran Círculo y resolvieron, en agosto de 1877, rebautizar a la sociedad con el nombre de Gran Círculo Nacional de Obreros Mexicanos.

A pesar de los intentos, el Gran Círculo y el primer Congreso Obrero perdían cada vez más fuerza. La creación del Círculo de Obreros de la Unión,

[14] *El Socialista*, 20 de febrero de 1876.

[15] José M. González, Francisco de Paula y González y Carmen Huerta fueron algunos de los firmantes del desconocimiento del GCOM. Estos dirigentes se afirmaron en la conducción del segundo Congreso Obrero y estrecharon lazos políticos con el poder porfiriano.

[16] ILLADES, 1996, p. 196.

la imposibilidad del primer Congreso de reunir a sus diputados y la significativa merma de socios del Gran Círculo de Obreros de México refleja las dificultades que tuvo que enfrentar la dirigencia artesanal para heredar —en términos cuantitativos— y reorganizar —cualitativamente— una estructura adepta al nuevo gobierno.[17] Estos síntomas traslucen los inconvenientes del primer Congreso Obrero y el Gran Círculo de Obreros de México para subordinar el entramado institucional mutualista al poder político.

Más allá de los intentos de revitalización asociacionista, la postración del mutualismo fue el signo más evidente de la conmoción revolucionaria que sacudió al país y desarticuló a las principales organizaciones laborales. No menos importante fue el efecto de la lucha partidista que caracterizó el derrotero político nacional hasta principios de los años ochenta, y arrastró a la dirigencia artesanal a alianzas y posicionamientos que profundizaron el debilitamiento de la estructura laboral y postergaron la interlocución del mutualismo con el poder público.

En efecto, desde principios de 1879 —ante la proximidad de los comicios presidenciales a desarrollarse en julio de 1880— el asociacionismo laboral fue absorbido por la reactivación de la confrontación facciosa que sacudía al país. La cercanía de Carlos Larrea, referente del Círculo y el Congreso Obrero, con Protasio Pérez de Tagle, secretario de gobernación y firme impulsor de la candidatura presidencial de Justo Benítez, fue denunciada por los algunos líderes artesanales como la evidencia del apoyo que estas organizaciones pretendían otorgarle a Benítez.[18] A fin de contrarrestar esta maniobra, el 2 de abril de 1879 una facción del Gran Círculo Nacional de Obreros Mexicanos —aduciendo su desacuerdo con los manejos políticos del Gran Círculo y levantando la bandera del apoliticismo— desconoció a su mesa directiva, con sede en la ciudad de México, y procedió a reconocer a una de sus células provinciales, con asiento en Zacatecas, como la sección a partir de la cual se reorganizaría a los obreros y formalizaría la convocatoria a un segundo Congreso Obrero.[19]

[17] VILLASEÑOR, 1982, p. 75.

[18] *Ibídem*, p. 80.

[19] En este contexto, el Círculo de Obreros de la Unión, creado en 1876 en oposición a la politización del primer Congreso, puede considerarse el antecedente inmediato de la política de antagonismo al GCOM, la cual se concretó en términos institucionales en 1879 con la formación de un nuevo y opositor Congreso Obrero. Asimismo, al igual que en 1876, Francisco de Paula y González, por medio de *El Hijo del Trabajo*, secundó la iniciativa separatista. El desconocimiento fue promovido por otros importantes dirigentes artesanales como Carmen Huerta, José María González y González, Juan B. Villarreal y J.M. Olvera. Asimismo, Juan de Mata y Rivera hacía saber que *El Socialista* dejaba de ser el periódico oficial del Gran Círculo de Obreros de México para convertirse en un diario independiente. *El Socialista*, 14 de abril de 1879.

A pesar de esgrimir la prescindencia política como el motivo del rompimiento, esta fractura fue un suceso asociado a cuestiones electorales, específicamente a la candidatura presidencial del gobernador zacatecano Trinidad García de la Cadena, quien era apoyado por el grupo separatista del GCOM. El nexo existente entre las cuestiones políticas y el desconocimiento de la mesa directiva del GCOM, quedó evidenciado con el nombramiento del Gran Círculo de Obreros de Zacatecas como la sede donde se reorganizaría a las sociedades mutualistas de la República y se citaría al segundo Congreso Obrero.

El alegato central que justificó el desconocimiento de la mesa directiva del GCOM remarcaba que ésta "arbitrariamente ha tomado y toma el nombre de la corporación para realizar miras particulares, con mengua del decoro social, sacrificado frecuentemente ante los gobiernos, en cambio de mezquinas sumas de dinero o de algún empleo público o cargo concejil".[20] Ahora bien, la participación de los líderes artesanales en cargos públicos, como candidatos a regidores o en calidad de electores, lejos de constituir una práctica novedosa, explicitaba la función desempeñada desde la República Restaurada por una dirigencia artesanal que, intentando superar las limitaciones de las sociedades mutualistas, se presentaba como interlocutora entre el espacio civil laboral y la esfera política.[21] Esta mediación, articulada mediante alianzas políticas y materializada en los comicios, pervivió a lo largo del periodo en estudio. Es más, los dirigentes mutualistas que a finales de la década del setenta se erigían en denunciantes de las prácticas políticas del Gran Círculo de Obreros de México, años después accedieron a diversos cargos públicos.[22]

En 1879, al igual que en 1876, la lucha partidista desatada por la carrera presidencial volvió a escindir el universo mutualista pulverizando, una vez más, la estructura del asociacionismo laboral. El posicionamiento de las principales organizaciones laborales frente a la coyuntura electoral de 1880, ayuda a comprender por qué a lo largo de la presidencia de Manuel González el mutualismo careció de un nexo con la esfera política. El apoyo del segundo Congreso Obrero a la candidatura presidencial del zacatecano Trinidad García de la Cadena y la estrecha asociación del Círculo de Obreros, por medio de su dirigente Carlos Larrea, con la facción que apoyaba la candidatura de Justo

[20] Firman el desconocimiento Francisco de Paula y González, José M. González, Carmen Huerta, Juan de Mata y Rivera, J.M. Olvera, entre otros. *El Socialista*, 14 de abril de 1879.

[21] ILLADES, 1996, pp. 145-146.

[22] Francisco de Paula y González llegó a ser diputado; Pedro Ordóñez se desempeñó como regidor del ayuntamiento, además fue diputado federal suplente y candidato a senador; José M. González también fue regidor municipal.

Benítez,[23] condujo al enfrentamiento de las organizaciones laborales con el poder ejecutivo nacional. La lucha partidista de 1879 escindió el universo organizativo laboral y enroló a la dirigencia artesanal tras facciones políticas que resultaron eclipsadas de la esfera pública por el triunfo presidencial de González. En tal sentido, estos posicionamientos confrontaron y fracturaron al mutualismo y le impidieron reconstruir un vínculo capaz de asegurarle, de nueva cuenta, la interlocución con el poder público.

La agonía institucional del asociacionismo del mundo del trabajo durante la gestión de Manuel González fue evidente. En lo que respecta al Círculo de Obreros, el reemplazo del dirigente Larrea por José Barrera terminó con la vida de la organización que se convirtió en "un pequeño taller dirigido por Barrera a su antojo".[24] La falta de apoyo gubernamental condujo a la pérdida de la sede y los subsidios, finalmente en 1883 el Círculo desapareció del universo mutualista. Por su parte, a fines de 1880, la ausencia de diputados en el segundo Congreso Obrero obligó a sus dirigentes a optar por conformar una comisión permanente que, investida de poderes discrecionales y acompañada de un directorio, sería la encargada de representar a la institución laboral.[25] José Villaseñor explica el fracaso del segundo CO argumentando el escaso número de asociaciones allí organizadas, el desprestigio de sus principales líderes, la incapacidad de federar mutualidades de carácter autónomo, la imposibilidad de que éstas dispusieran de fondos orientados a un proyecto de mayor alcance —dada la frágil situación financiera que caracterizaba a la mayoría de ellas— y a su descalificación para actuar como árbitro en los conflictos obrero-patronales, ya que formalmente representaba a los trabajadores.[26] En consonancia con esta situación, las actividades del Congreso entre 1880 y 1886 fueron escasas y estuvieron signadas por la crítica a su ineficacia y falta de representatividad.[27]

La profunda crisis que signó el derrotero del mutualismo en la etapa comprendida entre el triunfo de Tuxtepec y la segunda presidencia de Díaz culmi-

[23] Una muestra del desentendimiento entre Manuel González y los dirigentes del Círculo fue el retiro de la subvención oficial para la publicación del *Periódico Oficial del Gran Círculo de Obreros*. Villaseñor, 1982, p. 85.

[24] *Ídem*.

[25] El directorio estaría conformado por Pedro Ordóñez, José María González y Carmen Huerta. La comisión permanente por Pedro Ordóñez, Arcadio Arellano, Carmen Huerta, Fortino Dhiosado, Juan Serrano y Domínguez, José Barbier, Carlos G. y Cabrales, J.C. Gallardo, Ramón Ordóñez, L. Reyes, A. Corona, J. García, entre otros.

[26] Este autor estudió la conformación y desarrollo del Gran Círculo de Obreros de México de 1870 a 1880. Villaseñor, 1982, p. 84.

[27] Algunos comentarios críticos en relación con la actuación del Congreso Obrero se encuentran en *El Socialista*, 16 de abril, 8 de junio y 16 de junio de 1882.

naría en 1886, cuando la superación de la lucha partidista y la necesidad de legitimación y continuidad de Porfirio Díaz se articuló con la urgencia de una dirigencia artesanal ávida de restablecer su nexo con el poder público.

2. El régimen porfiriano y el asociacionismo laboral, 1886-1895

En diciembre de 1884 el regreso de Porfirio Díaz a la presidencia de la nación implicó la superación de la lucha partidista y la progresiva consolidación de su régimen político. La contienda facciosa se diluyó frente a la construcción hegemónica del poder porfiriano. El fortalecimiento del general tuxtepecano repercutió en la esfera mutualista, que se enroló detrás de su figura para reconstruir un vínculo estable con el poder político.

En este contexto de reconfiguraciones, en 1886 comenzó una nueva etapa de interacción entre el mutualismo y la sociedad política. Las aspiraciones reeleccionistas de Díaz y su necesidad de consenso y legitimación para afirmarse en la presidencia de la nación confluyeron con la avidez de una dirigencia artesanal que desde 1876 carecía de nexo con el Estado y que, dadas las limitaciones legales del asociacionismo, entendía la cercanía con Díaz como una estrategia capaz de subsanar, en parte, su incapacidad de injerencia política. Los líderes mutualistas depositaban en su proximidad con el poder público la protección y ayuda necesarias para la supervivencia del artesanado y la mejora de sus condiciones materiales. Recurrir a la intervención de políticos destacados para que mediaran en huelgas y conflictos laborales, la creación de escuelas y talleres públicos,[28] la promoción de organismos crediticios,[29] la fundación de colonias agrícolas como opción laboral para obreros desempleados[30] y el funcionamiento de instituciones asistenciales para los

[28] La fundación de la Escuela de Artes y Oficios (1871), la inauguración de escuelas nocturnas promovidas para la instrucción de las clases trabajadoras, como la que fundó en 1879 el Gran Círculo de Obreros de México, y el impulso de esta misma institución para la creación en 1881 de diversos talleres artesanales en Colegio de San Pedro y San Pablo, reflejan algunos de los beneficios de la relación del mutualismo con el poder político.

[29] "En 1877 se aprobaron las bases provisionales del Banco Social del Trabajo [...] en 1882 se sometieron a deliberación del Congreso Nacional de Obreros las bases constitutivas de la Caja-Banco Nacional de Obreros". Illades, 1996, pp. 128-129.

[30] En 1886, con el apoyo de Porfirio Díaz y Carlos Pacheco, ministro de Fomento, se fundó en Tenancingo, Estado de México, una colonia sericícola. El objetivo de este proyecto fue brindar una alternativa laboral a los obreros de la fábrica textil La Magdalena, quienes en 1885, luego de declarase en huelga, fueron despedidos de sus puestos de trabajo.

hijos de la clase trabajadora[31] son ejemplos de los beneficios que la dirigencia mutualista podía obtener de la alianza con el poder público.

Asimismo, este vínculo le garantizaba a Díaz el control político del creciente contingente laboral; por un lado, actuaba como un "cordón sanitario" capaz de frenar la incursión del internacionalismo obrero que —a partir de la fundación de la Asociación Internacional de Trabajadores (AIT) en 1864, así como de su posterior escisión en el Congreso de La Haya de 1872— avanzaba por América Latina. Por otro lado, la subordinación de las clases trabajadoras se convertía en una barrera de contención tendiente a controlar la movilización pública de las clases trabajadoras; posiblemente, Díaz por medio de esta sujeción pretendía evitar las coyunturas de participación popular que, marcadas por las revueltas callejeras, sacudieron al gobierno de González en diciembre de 1883 y noviembre de 1884.

Esta confluencia de intereses y necesidades allanó el camino para consolidar, a partir de 1886, el control y la subordinación política de los trabajadores organizados. Dos estrategias institucionales complementarias se pusieron en marcha: la asimilación del segundo Congreso Obrero y la reformulación de la actuación pública de la Convención Radical (CR). Cabe recordar que el Congreso Obrero de 1879 fue la segunda tentativa de organización mutualista de carácter nacional. Fundado a partir de la escisión del grupo de dirigentes del Congreso Obrero de 1876, su nacimiento estuvo vinculado con la coyuntura político-electoral de 1880, año en que esta institución respaldó la candidatura de Trinidad García de la Cadena en los comicios presidenciales. Esta circunstancia prefiguraría su estrecha asociación con el poder público; paulatinamente el Congreso fue absorbido por la dirigencia política, y para 1887 se encontraba subordinado a los imperativos del régimen porfiriano, situación que se mantuvo hasta 1903.

El segundo Congreso Obrero se caracterizó por ser uno de los pilares más sólidos del gobierno en el universo de los trabajadores de la ciudad de México. Asimismo, a partir de mediados de la década de 1870, la Convención Radical se constituyó en un club político que, con pretendido ascendente sobre las clases populares urbanas, a principios de los ochenta mostraba una

[31] La Casa Amiga de la Obrera, fundada en 1894 por Carmen Romero Rubio, constituye un ejemplo en este sentido. El establecimiento albergaba un promedio de 155 niños, cuya única condición para ser admitidos era ser hijos de madres trabajadoras. Los pequeños llegaban al hogar a las seis de la mañana y permanecían hasta las cinco de la tarde, "allí reciben instrucción, alimentos y asistencia médica si llegan a enfermar". *El Obrero Mexicano*, 15 de julio de 1894. Para conocer los alcances e implicaciones del problema de la asistencia pública durante el porfiriato, remitimos a LORENZO, 2011.

incipiente participación en las cuestiones políticas nacionales.[32] En diciembre de 1886, la renovación de su mesa directiva permitió que los integrantes de una lista promovida por el Congreso Obrero y avalada por Porfirio Díaz asumieran el control de la institución que, desde esa fecha y hasta 1903, actuaría en sintonía con el segundo Congreso erigiéndose en el brazo político laboral del régimen.

La asociación entre el Congreso Obrero —federación de mutualidades— y la Convención Radical Obrera —club político, con vinculaciones con el mundo del trabajo— contribuyó a articular la interlocución entre el gobierno y el universo laboral. Este nexo, a la vez que permitía al mutualismo subsanar su tradicional marginación de la sociedad política, le posibilitó al régimen porfiriano consolidar bases de consenso y legitimidad. Asimismo, sirvió para coartar, en gran medida, la promoción de agrupaciones laborales autónomas del poder, toda vez que neutralizaba posibles desprendimientos y contenía eventuales intentos de transformación de las sociedades mutualistas en sociedades de resistencia.

a] *Díaz y la subordinación mutualista*

La Convención Radical Obrera constituyó, conjuntamente con el segundo Congreso Obrero, la organización laboral más significativa del periodo en estudio. Los datos acerca del origen de la Convención Radical son escasos y confusos.[33] La primera referencia que detectamos data de 1876, fecha en que tuvieron lugar sus primeros intentos organizativos, destinados a recaudar fondos para erigir un monumento en honor a Benito Juárez.[34] Las noticias en torno a esta sociedad se diluyen, pero vuelven a escena con la aparición del periódico *La Convención Radical*, que empezó a publicarse a principios de 1886 bajo la dirección de Diódoro Batalla.[35] A partir de enero de 1888 la

[32] El periódico *El Partido Liberal* refuta al diario *El Tiempo* por haber afirmado "con marcado error, que dicha asociación en los trabajos que emprendió hace cuatro años, no salió avante, y que esta misma asociación vuelve a funcionar para emprender trabajos a favor del Sr. Lic. Manuel Rubio para el próximo cuatrienio presidencial". *El Partido Liberal*, 17 de abril de 1886.

[33] Algunos autores, como Rosendo Rojas Coria, señalan que la Convención Radical se fundó en mayo de 1875. Rojas Coria, 1952, p. 211. Otros estudiosos indican que la misma tuvo su origen en mayo de 1886, año en que apareció el primer número de *La Convención Radical*, portavoz de dicha organización. Leal, 1991, p. 49; Walker, 1981, p. 264.

[34] *La Convención Radical Obrera*, 23 de octubre de 1892.

[35] El diario *El Hijo del Ahuizote* menciona la recepción del nuevo periódico *La Convención Radical*, órgano de la sociedad del mismo nombre y dice: "vayan ustedes mirando. Terán y Carrillo

organización tuvo un cambio en su denominación que de entonces y hasta 1903 se transformaría en Convención Radical Obrera. Asimismo, el periódico —como reflejo de esta nueva designación— incorporó el subtítulo de *Órgano de la sociedad del mismo nombre y de las clases obreras de toda la República*. El nuevo calificativo obedeció a la reformulación de los principios programáticos asumidos por la organización (que implicó la renovación de las autoridades de su mesa directiva y el cambio de director del periódico, función asumida por Pedro Ordóñez) y a la precisión de los actores a los que iba dirigida la publicación: las clases obreras.

El programa de la Convención Radical, presentado por el coronel Enrique Knight en enero de 1881, permite conocer los propósitos y funcionamiento de la sociedad entre dicho año y 1886, fecha en que asistimos a su viraje. La Convención Radical de la República Mexicana se declaraba un "círculo político que se constituye para bien de la Patria y de la Sociedad". Sus objetivos quedaron expresados de la siguiente forma:

> conservar y sostener la respetabilidad de la Autoridad constituida [...] sostener los principios que encierra la Constitución [...] condenar el libelismo difamatorio [...] y las revoluciones a mano armada. [Abogar por] la protección al comercio y demás ramos de la industria, de las artes y oficios, de las clases obreras en general y el desarrollo total de la agricultura [...] defender los fueros de la prensa juiciosa [...]. Unir la acción de la autoridad a la de los intereses sociales [...] ayudar y proteger el espíritu de asociación y el de empresa para desarrollar las fuerzas vitales de la Nación.[36]

El propósito fundamental de la Convención era constituirse en una "escuela práctica" que promoviera entre las "masas incultas de la sociedad" el conocimiento de sus derechos y obligaciones públicas. En síntesis, "poner en juego la prácti[ca] del sistema democrático representativo popular", asumiendo para tal fin la organización política tripartita de la República mexicana. Su hincapié en proteger "a las clases obreras en general", fomentando el desarrollo agroindustrial y la promoción del "espíritu de asociación y de empresa", define

unidos a algunos jóvenes héroes de las jornadas de la *deuda inglesa*. Cómo cambian las cosas", *El Hijo del Ahuizote*, 16 de mayo de 1886, subrayado en el original. Hermenegildo Carrillo posteriormente fue presidente de la Convención Radical Obrera, algunas referencias señalan su intervención para controlar y poner fin a las manifestaciones populares que, con una significativa presencia artesanal y obrera, protestaron en noviembre de 1884 contra el arreglo de la deuda inglesa. *La Convención Radical Obrera*, 17 de diciembre de 1893.

[36] *El Correo de las Doce*, 3 de febrero de 1887.

a la CR como un club político-pedagógico destinado a las clases populares, particularmente las vinculadas con la esfera productiva.

La relación que la Convención Radical buscaba articular con los espacios económicos y su intención de erigirse como una escuela, donde las clases trabajadoras ejercitaran sus derechos políticos, permite inferir que el objetivo último era la construcción de ciudadanos virtuosos, conocedores de las prácticas políticas de un Estado fundado en los principios de la soberanía popular y la representación moderna.[37] En 1886 los principios constitutivos de la Convención Radical se transformaron de manera sustancial, proceso concomitante a la llegada de una nueva dirigencia asociada al segundo Congreso Obrero.

La renovación de la dirigencia de la Convención estuvo signada por la sombra del fraude electoral. En diciembre de 1886 se celebraron elecciones para sustituir a las autoridades de la mesa directiva del club político. En esa oportunidad, el periódico de la organización denunció que un grupo disidente encabezado por el coronel Enrique Knight, ex presidente de la Convención Radical, manipuló los votos para promover como presidente a José Ceballos, general de división y gobernador del Distrito Federal, circunstancia que determinó la expulsión de Knight de la CR.[38] Finalmente, la mesa directiva quedó conformada por una lista asociada y promovida por el Congreso Obrero. De esta manera, el general Hermenegildo Carrillo ocupó la presidencia de la organización y Pedro Ordóñez, quien se desempeñaba como presidente del Congreso Obrero, la vicepresidencia.

La propuesta de convertir a la sociedad en una escuela impulsora del orden y las virtudes republicanas, donde los sectores populares pudieran adquirir las premisas básicas para el desarrollo de la vida ciudadana se desdibujó. Los nuevos objetivos estipulados por la Convención Radical se centraban en "propagar la idea entre las clases trabajadoras, de que se hace necesario que tomen una parte activa en las cuestiones públicas: primero manteniendo la paz que tanta sangre ha costado conquistar, y después, uniéndose al gobierno para caminar de acuerdo con él; estudiar las necesida-

[37] Este ideal estaba en consonancia con lo pautado por la Constitución Política de 1857, que definía a la ciudadanía como un atributo fundado en la posesión de un "modo honesto de vivir". CARMAGNANI y HERNÁNDEZ CHÁVEZ, 1999.

[38] El periódico indica que la cifra total de votos ascendió a 29 624, la candidatura de José Ceballos alcanzó una mayoría de 6 703 sufragios. La votación fue descalificada alegando que esa cantidad de electores "no se ha obtenido ni en la última elección de presidente de la República, que ha sido la más compacta y la más completa de todas". *La Convención Radical*, 13 de febrero de 1887. Cabe señalar que la sombra del fraude estuvo presente en varios procesos electorales de las sociedades mutualistas. *El Hijo del Trabajo*, 23 de febrero de 1879.

des del obrero, iniciar su remedio, impulsar la industria y aconsejarle todo aquello que sea en su beneficio".[39]

La reestructuración programática y la renovación de la dirigencia de la Convención Radical, llevada a cabo a fines de 1886, implicaron el viraje institucional de esta organización que a partir de esa fecha se consolidó como el referente político de un importante segmento de la clase trabajadora. A partir de entonces, y en razón de su vinculación con el Congreso Obrero, asistimos a una redimensión del nexo entre el poder político y los trabajadores de la ciudad de México.

Las figuras de Hermenegildo Carrillo, Pedro Ordóñez y José María González y González evidencian la naturaleza de las alianzas establecidas por Díaz para articular la relación del mundo laboral urbano con el poder porfiriano. Por un lado, la elección de general Hermenegildo Carrillo,[40] como presidente de la CRO, refleja una práctica política comúnmente instrumentada por Díaz: recurrir a sus compañeros de armas, a su entorno más cercano, para confiarles puestos clave como gobiernos estatales o jefaturas de zonas militares. La designación de hombres de su confianza en cargos de poder estratégicos, a más de ser una recompensa por los servicios prestados, le garantizó un mayor control de la situación política nacional.[41]

La trayectoria política de Carrillo y su nombramiento como presidente de la CRO evidencia la red de nexos y solidaridades que Díaz, una vez en el poder, fue tejiendo con sus camaradas y el respaldo depositado en el poder militar. Asimismo, revela cómo la coyuntura transformó el modo de operar de Díaz sobre la realidad mutualista: si en 1876 el líder de Tuxtepec había usado la fuerza del ejército para pasarle factura a la dirigencia mutualista por el apoyo brindado a Lerdo (recordemos en 1876 la ocupación de la sede del Círculo de Obreros), 10 años después, ya consolidado en la presidencia de la nación, logró por medio del general Carrillo institucionalizar la presencia del poder

[39] *La Convención Radical*, 2 de enero de 1887.

[40] Hermenegildo Carrillo fue compañero de armas de Porfirio Díaz en múltiples campos de batalla. La contienda del 5 de mayo de 1862 contra la invasión francesa y la batalla de Tecoac, que en 1876 decidió la suerte de Sebastián Lerdo de Tejada, constituyen algunos ejemplos. Su estrecha vinculación con Díaz lo llevó a ocupar diversos puestos: jefe primero de la zona militar de la ciudad de México, comandante del Distrito Federal, senador y vicepresidente de la Suprema Corte de Justicia Militar. *La Convención Radical Obrera*, 17 de diciembre de 1893.

[41] Al igual que Carrillo, Manuel González, Luis Mier y Terán y Martín González constituyen ejemplos de la red de alianzas, solidaridades y reciprocidades que Díaz construyó con un selecto grupo de militares profesionales, quienes ocuparon durante su gobierno diversos puestos administrativos. GUERRA, 1995, pp. 98-99.

militar en el mundo laboral, convirtiendo al mutualismo en un aliado de importancia en la afirmación de su régimen político.

La asimilación política de Pedro Ordóñez y José M. González y González condensa un doble significado: la necesidad y habilidad de Díaz para integrar a líderes artesanales, capaces de garantizar la subordinación del mundo mutualista, y la necesidad de una dirigencia artesanal ávida de recuperar un vínculo estable con el gobierno. Mediante la integración de estos reconocidos dirigentes, Díaz intentó evitar el fracaso de 1877 cuando se propuso reestructurar el Gran Círculo de Obreros de México. Casi 10 años después de ese estéril esfuerzo organizativo, gracias al respaldo de un viejo compañero de armas y a la experiencia de un conjunto de líderes laborales, logró de forma exitosa estrechar vínculos y subordinar a la estructura mutualista.

La elección de Carrillo le valió a la Convención el mote de "sociedad gobiernista", descalificación que se reforzó con la figura del vicepresidente de la organización, Pedro Ordóñez, quien se desempeñó como regidor municipal, diputado federal suplente y candidato a senador.[42] Asimismo, la presencia de Ordóñez sirvió para legitimar el cariz laboral de la Convención Radical, a la vez que le permitía a esta organización aprovechar la estructura del Congreso Obrero para difundir su plan de acción, acercarse a las mutualidades y promover la sujeción de los trabajadores a los mandatos de la política gubernamental.

Sobran evidencias que permiten remarcar los vínculos entre los dirigentes laborales y el poder público, a modo de ejemplo mencionamos la promoción que hizo Ordóñez de la candidatura de Hermenegildo Carrillo como gobernador del Distrito Federal. En aquella ocasión, en una carta enviada al presidente de la República señaló que a nombre del Congreso Obrero,

> de la Convención Radical Obrera y en el de los obreros de la capital, lo mismo que en el suyo, respetuosamente suplica a U. se digne fijar su atención en el Sr. Gral. Don Hermenegildo Carrillo quien por su carácter conciliador a la vez que enérgico, por su aptitud y adhesión incondicional a la persona de U. y a su acertada administración, será su colaborador activo y un funcionario que velará por los intereses del Distrito con la fidelidad con que ha velado por los de la Comandancia militar que durante algunos años ha tenido a su cargo.[43]

[42] LEAL, 1991, p. 47.

[43] CPD, legajo 14, doc. 009463. Esta vinculación ha sido señalada por David WALKER, 1981, pp. 266-267. La figura de Andrés Díaz Millán, director y redactor del periódico *La Convención Radical*, confirma el entramado de redes de reciprocidad tejidas entre la dirigencia laboral y la esfera política. En 1896 Díaz Millán le escribió a Rafael Chousal, secretario de Porfirio Díaz, para solicitarle que "interponga su valiosa influencia" ante el presidente y "salga yo electo

Por otro lado, la evidente empatía entre el Congreso Obrero y la Convención Radical se trasluce en la composición de la dirigencia de ambas instituciones.[44] El caso de Pedro Ordóñez es el más ilustrativo, ya que actuaba como vicepresidente de la Convención, presidente del Congreso y director de *La Convención Radical*, órgano periodístico de ambas instituciones, que también compartían el inmueble de sus sedes en la calle San Andrés número 17.

La Convención Radical Obrera se convirtió en el brazo del poder porfiriano en el mundo laboral, destacándose por la promoción y control de la participación pública de las clases trabajadoras organizadas, legalmente desvinculadas de la esfera política. Es posible inferir que la falta de derechos políticos del mutualismo fue aprovechada y pretendió ser compensada por el gobierno de Díaz, a partir de 1886, con la instrumentación de este club. La CRO, al tiempo que habilitaba un canal privilegiado de comunicación e interacción entre el mundo del trabajo y el poder público, garantizaba al gobierno porfiriano la sujeción de un importante segmento de la clase trabajadora, ayudando a frenar cualquier intento de radicalización o reversión en el carácter oficialista del mutualismo. Asimismo, Díaz capitalizó este control institucional hasta convertirlo en un efectivo agente de propaganda y movilización pública de los trabajadores.

En síntesis, la asimilación de la Convención Radical fue aprovechada por la dirigencia artesanal como una instancia capaz de subsanar la inherente debilidad política del mutualismo. Para Díaz, la CR se convirtió en un espacio de poder que promovía la sujeción del universo mutualista a la estructura gubernamental.

Una mirada al contexto nacional e internacional ayuda a comprender por qué el año 1886 fue determinante para que el gobierno impulsara la alianza

---

diputado suplente, con entrada a la Cámara". En aquella misiva Díaz Millán recordaba "haber sido yo el primero en la prensa de la República que el 13 de marzo de 1887 proclamó por primera vez la reelección presidencial, en el semanario intitulado "La Convención Radical", cuando esa idea era enteramente nueva y se arriesgaba el porvenir con lanzarla [...] y finalmente haber continuado durante ocho años en las filas de la prensa ministerial defendiendo la actual administración, y ofrecer para lo sucesivo mis servicios periodísticos dejando vacante, con licencia, y para disponer de tiempo del empleo que desempeño". AHUNAM, Fondo *Rafael Chousal*, caja 13, exp. 161.

[44] La conformación de las mesas directivas del Congreso Obrero y de la Convención Radical Obrera no deja dudas de la estrecha asociación que existía entre ambas. La del Congreso estaba conformada por Hermenegildo Carrillo, Pedro Ordóñez, José M. González y González, Arcadio Arellano, Juan Serrano y Domínguez, Carmen Huerta y Fortino Dhiosado. La de la Convención se componía por Pedro Ordóñez, Arcadio Arellano, Carmen Huerta, Fortino Dhiosado y Juan Serrano y Domínguez, entre otros.

entre el CO y la CRO. Diversos autores coinciden en señalar que la etapa de apogeo del porfiriato comenzó con la segunda presidencia de Porfirio Díaz —cuando recibió el poder de Manuel González, el 1 de diciembre de 1884— y se extendió a aproximadamente el año 1906, cuando factores de diversa índole confluyeron para dar fin a la "paz porfiriana", que concluirá en 1911 con la renuncia del presidente.[45] En este periodo Díaz logró consolidar una sustancial transformación política caracterizada por "el logro de la estabilidad interna (la *Pax Porfiriana*) y el surgimiento de un Estado fuerte y eficaz [...] estrechamente relacionados con el desarrollo económico del país".[46]

En este contexto de fortalecimiento estatal y de intenciones reeleccionistas —recordemos que en 1886 se encontraba próxima la primera reelección continua de Díaz, acaecida en 1888— el mundo del trabajo no podía pasar desapercibido. Especialmente si tenemos en cuenta el sostenido crecimiento nacional de la población obrera que, entre 1895 y 1900, pasó de 692 697 a 803 294.[47] Más allá de este incremento, la preeminencia artesanal seguía definiendo el perfil ocupacional de la capital de la República mexicana, como señala Lear, "a pesar de la importancia de la creación de fábricas modernas en un periodo relativamente corto, los proletarios fabriles sólo constituían alrededor del 4 por 100 de los trabajadores en 1910".[48] En términos institucionales, la necesidad de controlar a este importante contingente de trabajadores se materializó en la Convención Radical Obrera y el segundo Congreso Obrero.

La situación exterior, signada por el internacionalismo proletario, no hizo más que reafirmar esta necesidad de sujeción del universo laboral. La fundación de la Asociación Internacional de Trabajadores en 1864, así como su posterior escisión en el Congreso de La Haya de 1872, por la división entre el Consejo General presidido por Karl Marx, de tendencia socialista, y la propuesta de carácter anarquista de los seguidores de Miguel Bakunin, repercutió en el mundo latinoamericano, pues ambas facciones se preocuparon por asimilar al emergente movimiento obrero. Los primeros resultados del movimiento internacionalista en México, y otros países como Argentina, Chile o Uruguay, se concretaron a principios de la década del setenta. La organización del Gran Círculo de Obreros de México en 1872 y la reinstalación de La Social[49] en

[45] KATZ, 1992, y GONZÁLEZ NAVARRO, 1994.

[46] KATZ, 1992, p. 41.

[47] *Ibídem*, p. 61.

[48] LEAR, 2005, p. 332.

[49] La Social fue una organización socialista y filantrópica fundada en 1871 por Plotino Rhodakanaty, Santiago Villanueva, Hermenegildo Villavicencio y Francisco Zalacosta. ILLADES,

mayo de 1876, aparentemente vinculada con la Federación del Jura, sección suiza del anarquismo internacional,[50] se inscriben en este clima que, marcado por la solidaridad proletaria internacional, empezaba a preocupar a las autoridades políticas.

> Al principio se llamaban internacionalistas y hoy se apellidan anarquistas; no se han conformado con esparcirse por Europa, sino que han empezado a invadir América, empezando por los Estados Unidos del Norte [...] Aún no es un hecho, pero lo será, que pronto nos invadirán muchos individuos que pertenecen a esas terribles asociaciones europeas [...] aquí ningún obrero que ame el trabajo, la paz y el engrandecimiento de México se prestará a servir de instrumento a los que, para llegar al fin, se valen del petróleo, del puñal y de la dinamita.[51]

La caricatura "Al son que les toca, bailan",[52] situada en el contexto sociopolítico al que hicimos referencia, ilustra lo vertido en estas páginas. En ella aparece el comandante Hermenegildo Carrillo —presidente de la Convención Radical Obrera— tocando una flauta, cuya música es seguida por Pedro Ordóñez —de quien en su sombrero se lee la inscripción Congreso Obrero— y otro dirigente, portando el estandarte del Gran Círculo de Obreros, ambos con sus movimientos acompañan y ejecutan la melodía del representante de la CRO, o, lo que es lo mismo, la música porfiriana.

A partir de la referida coyuntura laboral, esta sátira visual sintetiza la subordinación del Congreso Obrero y el Gran Círculo de Obreros a la Convención Radical Obrera, es decir, al aparato estatal. Esta explícita sujeción de los representantes de las organizaciones laborales a la figura de Carrillo se reafirma con el elocuente texto que le da título. Asimismo, la caricatura trasluce la procedencia de una dirigencia que —irónicamente— con trajes, levita y sombrero de copa representa el movimiento artesanal y obrero; la condición burguesa, visible en la vestimenta de los líderes artesanales, es ridiculizada con grotescas expresiones gestuales, propia de la burla que solía cernirse sobre estas clases sociales.

2001b, pp. 9-10. Para conocer las vinculaciones e influencias del anarquismo europeo en México entre 1871 y 1881, véase LIDA e ILLADES, 2001.

[50] Mediante la correspondencia, publicada por José C. Valadés, es posible sostener que existió cierta vinculación entre La Social y la Federación del Jura, por lo menos entre 1876 y 1880. TRUJILLO BOLIO, 1997, p. 263.

[51] *La Convención Radical Obrera*, 5 de febrero de 1888.

[52] *México Gráfico*, 3 de marzo de 1889; RUIZ CASTAÑEDA, 1982, p. 1752. *México Gráfico. Semanario humorístico con caricaturas* fue un periódico aliado del poder porfiriano. Su director y editor responsable, José María Villasana, autor de la caricatura que aquí presentamos, fue uno de los

"Al son que les toca, bailan", *México Gráfico,* 3 de marzo de 1889.[53]

b] *1895: el fracaso de la disidencia y el fortalecimiento de las organizaciones oficialistas*

A partir de mediados de la década de 1880, la subordinación política del Congreso Obrero y la Convención Radical Obrera al poder porfiriano, la estrecha vinculación que suponía compartir la figura de Pedro Ordóñez —como presidente del CO y vicepresidente de la CRO—, el convocar y participar de forma conjunta en los festejos patrios y las movilizaciones electoralistas

artistas favorecidos por el régimen. En 1892 defendió la campaña reeleccionista de Díaz y en 1896 ocupó una curul en la Cámara de Diputados como representante del distrito de Comitán, Chiapas.

[53] Ruiz Castañeda, 1982, p. 1752.

o promover distintos proyectos laborales, como la fundación de la colonia Tenancingo, llevó a que estas instituciones —con orígenes y funciones diferenciadas— se amalgamaran y perdieran la singularidad con que habían nacido.[54]

Uno de los objetivos programáticos de la Convención Radical era incentivar la participación pública de las clases trabajadoras, a fin de unirse al gobierno y ayudar al mantenimiento de la paz; el propósito era erigirse en "el puente entre el gobierno y el pueblo, el lazo de unión que [...] los fortalezca".[55] El Congreso Obrero sostenía objetivos estrictamente laborales, pretendía ser la expresión de las agrupaciones obreras, ayudando a la promoción y mejoramiento de sus condiciones de vida e interviniendo en los conflictos laborales para mediar en las desavenencias entre el capital y el trabajo. En lo que respecta al paulatino entrelazamiento de estas dos instituciones, el Congreso Obrero fue el que más cuestionamientos recibió en razón de la distorsión de sus originales funciones laborales, principalmente se impugnaron sus vínculos con el poder porfiriano, evidenciados en los cargos políticos ocupados por sus dirigentes artesanales. También se refutó su liderazgo en la movilización pública del contingente mutualista, ya fuera con motivo del cumpleaños de Porfirio Díaz o en apoyo a sus reelecciones presidenciales.

A partir de 1886, las funciones y competencias con que cada institución había nacido se difuminaron, la empatía entre el círculo político y la confederación de trabajadores generó públicas confusiones y despertó suspicacias que afloraron en diversas ocasiones. Por ejemplo, en 1889 el periódico *La Convención Radical Obrera* denunció la actitud de José Viadero —propietario español de la fábrica de casimires La Victoria— quien, ante la declaración de huelga de sus operarios, "arrebató de las manos de un trabajador un *melacate* o punzón agudo y se lo arrojó a la cara [gritando] lleno de ira ¡TODOS LOS OBREROS MEXICANOS SON UNOS LADRONES!".[56] Los periodistas de *El Diario Español* negaron la veracidad de los hechos y defendieron a Viadero precisando que, ante la insubordinación de los operarios, el patrón muy lejos "de un acto de justa y severa corrección, se limitó a poner en la calle a quien en tan poco teniendo sus intereses y orden de sus talleres, excitaba a sus compañeros a un levantamiento general".[57]

[54] La colonia sericícola de Tenancingo —Estado de México— nació como un proyecto destinado a brindar una salida laboral a los obreros que, en 1885, fueron despedidos de la fábrica textil La Magdalena por declararse en huelga. El Congreso Obrero fue uno de los promotores de la fundación de esta colonia, que contó con el decidido apoyo de las autoridades políticas nacionales y logró concretarse en 1887.

[55] *La Convención Radical*, 23 de enero de 1887.

[56] *La Convención Radical Obrera*, 17 de marzo de 1889. Cursivas y mayúsculas en el original.

[57] *El Diario Español*, 19 de marzo de 1889.

El Diario Español señaló que "el órgano del Congreso Obrero incurre en algunas inexactitudes de apreciación al hablar de lo que nosotros dijimos a propósito de la huelga"[58] y denunció la complicidad entre el CO y la CRO al declarar que "lo que *La Convención* quiere es que haya un Congresito Obrero donde aprender a votar y a hacer diputados; que haya manifestaciones tumultuarias contra el capital para que el Congreso Obrero intervenga dando testimonio de su existencia y sobre todo para hacerse necesario".[59]

Es evidente que *La Convención Radical Obrera* aparecía a los ojos del público como el órgano periodístico del Congreso Obrero. Aunque en su título sólo aceptaba ser el representante de la CRO y, en general, de las clases trabajadoras de la República. La presencia de Pedro Ordóñez —presidente del Congreso Obrero— como director del periódico y la estrecha asociación entre las instituciones lo convertía, en los hechos, en el portavoz de ambas. *El Diario Español* remarcaba la injerencia de la CRO en el CO o, lo que es lo mismo, denunciaba la politización de la federación obrera, cuyos miembros —como Pedro Ordóñez o José M. González y González— accedían a diversos cargos públicos. Asimismo, se empezaba a formular una denuncia que, con el correr de los años, se haría cada vez más insistente: la escasa actuación del Congreso Obrero en los asuntos y conflictos laborales.

En razón de la identificación entre ambas instituciones, el Congreso fue el que mayores cuestionamientos recibió. Las críticas partieron de la prensa independiente y de algunos referentes del mutualismo que, al empezar a contar con medios de comunicación propios, de manera frágil e intermitente, intentaron quebrar el monopolio que el oficialista diario *La Convención Radical Obrera* sostenía en el universo laboral de la ciudad de México.[60]

Como se señaló, el Congreso Obrero funcionaba desde 1880 mediante una comisión permanente investida de amplios poderes. En tal sentido, a mediados de 1894 *El Obrero Mexicano*, en un artículo titulado "Ante la tumba del Congreso Obrero", precisaba:

[58] *El Diario Español*, 28 de marzo de 1889.

[59] *El Diario Español*, 23 de marzo de 1889.

[60] *El Hijo del Trabajo* y *El Socialista* fueron los periódicos más representativos del mundo del trabajo en la década del setenta. Ambos dejaron de publicarse a mediados de los ochenta: el primero en 1884 y el segundo en 1886. A partir de 1887, *La Convención Radical Obrera* acaparó el discurso obrero hasta 1903, fecha de su desaparición. Asimismo, fueron muy pocos los periódicos que vieron la luz pública durante el reinado de *La Convención Radical Obrera*. Sólo he tenido acceso a los ejemplares de *El Obrero Mexicano* —de tendencia mutualista y liberal— que apareció en 1894 y ese mismo año dejó de publicarse, de los otros periódicos sólo contamos con referencias que permiten inferir su existencia, tal es el caso de *El Defensor del Pueblo*, *El Obrero Confederado* y *El Proletario*, de los que sabemos que el primero apareció en 1895, que el segundo existía en 1890 y que el último se dio a conocer, por lo menos, en 1889.

> no acude ya a la memoria por más esfuerzos que hacemos, ni el recuerdo de lo que fue el Congreso [...] enfermó de muerte aquel niño que no salía aún de la lactancia y falleció en breve; pero lo que no podemos explicarnos es que su nombre figure en la "Convención Radical", que haya correspondencia dirigida al finado, y que éste responda y escriba y aun ordene algunas veces.[61]

El nuevo periódico llamaba a conformar un nuevo Congreso. Como primera medida proponía la fundación de un comité con los presidentes de las sociedades mutualistas y manifestaba que esperaba contar con el apoyo de "los cuatro o cinco señores que constituyen actualmente el Congreso Obrero".[62]

La respuesta de la cuestionada federación obrera no se hizo esperar. Aceptó que se encontraba inmersa en un receso involuntario, motivo por el cual había descuidado los llamados a juntas generales, pero explicó que seguía funcionando por medio de su mesa directiva, que procuraba el bienestar de la clase obrera. Refirió que su actuación no dejaba margen de duda: su intervención en los conflictos laborales, su participación en las fiestas patrias y la promoción de la fundación de la colonia sericícola de Tenancingo eran ejemplos de su vitalidad. Este singular funcionamiento evidencia el carácter verticalista y la falta de participación de los socios mutualistas en las decisiones de la organización laboral. La inexistencia de instancias de consenso, al tiempo que volvía expeditas las resoluciones institucionales, revela el comportamiento del contingente mutualista urbano, que prácticamente no manifestó desacuerdos o disidencias frente a las decisiones tomadas por sus líderes, a excepción de la fracasada escisión de 1894.

La polémica sobre la actuación del Congreso Obrero fue instalada por diversos periódicos de la capital, lo que multiplicó los cuestionamientos sobre su desempeño. Las críticas señalaban que la imbricación entre el Congreso y la CRO imposibilitaba diferenciar las actividades y funciones de cada institución. En respuesta, Pedro Ordóñez señaló los contrastes que existían entre ambas y remarcó que debía considerárseles de forma independiente. La Convención era un círculo político, conformado por las clases obreras pero también por todo individuo deseoso de ejercitar sus derechos como ciudadano; el Congreso era una confederación de sociedades mutualistas, por ende, "gira[ba] en un centro meramente social".[63] De esta forma, se pretendía aclarar que el Congreso no violentaba el estatuto legal conferido por la Constitución de 1857 y el

[61] *El Obrero Mexicano*, 12 de agosto de 1894.
[62] *Ídem.*
[63] *La Convención Radical Obrera*, 2 de septiembre de 1894.

Código Civil de 1871, que prohibía a las mutuales intervenir en asuntos políticos. Asimismo, se recalcaba que la interacción con el poder gubernamental quedaba en manos de la Convención que, como círculo político, contaba con facultades para hacerlo.

Otro blanco de ataque fue la figura del presidente del Congreso, acusado de ocupar diversos cargos públicos, como regidor y diputado suplente, condición que desvirtuaba sus obligaciones eminentemente laborales.

> Apostató más tarde el Sr. Ordóñez, se inició en la política y para ello le sirvió de escalón el Congreso Obrero que presidía, porque el Gobierno llegó a creer que ejercía decisiva influencia en las Sociedades Mutualistas, y que teniéndolo de su parte, tenía también a las expresadas sociedades.
>
> Vino a menos el Congreso, su nombre permaneció por mucho tiempo sumido en el olvido y hasta últimamente ha vuelto a repetirse porque comenzó a hablarse de la constitución de otro Congreso.[64]

En este clima signado por la inminente fractura de la confederación obrera, a mediados de octubre de 1894, los mutualistas disidentes convocaron a elecciones para conformar la mesa provisional del nuevo Congreso Obrero. Alrededor de 15 mutuales, lideradas por la sociedad Ignacio Manuel Altamirano, participaron activamente en las reuniones de promoción y organización de la nueva institución laboral.[65] Esta nueva asociación proclamaba la necesidad de trabajar "activa y eficazmente por el progreso de la clase" obrera, con independencia "en lo absoluto de miras y cuestiones políticas y personalistas".[66] En sintonía con este impulso mutualista opositor, en noviembre de 1894 apareció el primer número de *El Defensor del Pueblo*, periódico que se anunciaba como portavoz del nuevo Congreso Obrero.[67]

[64] *El Monitor Republicano*, 24 de octubre de 1894.

[65] La mesa directiva provisional quedó conformada por Remigio Espinosa, presidente; Agapito Colung, vicepresidente; Adolfo Buen Romero, primer secretario y Felipe de J. Flores, segundo secretario. *La Convención Radical Obrera*, 14 de octubre de 1894. Cabe señalar que el periódico *El Obrero Mexicano*, el cual publicó el primer artículo crítico sobre el funcionamiento del Congreso Obrero, sostenía estrechos vínculos con la sociedad mutualista Ignacio Manuel Altamirano, que lideró la conformación del nuevo Congreso Obrero. Por ejemplo, Julián Díaz se desempeñaba como gerente general de *El Obrero Mexicano*, a la vez que fungía como vicepresidente de la sociedad Ignacio M. Altamirano; Luis Falco era administrador del periódico y segundo secretario de la asociación mutualista. Asimismo, la sociedad y el periódico reconocían como domicilio la calle del Estanco de Hombres, 12, vivienda 9.

[66] *El Universal*, 23 de octubre de 1894.

[67] No se ha podido localizar ningún ejemplar de este diario.

Finalmente, el 5 de febrero de 1895 se llevó a cabo, en el salón de la sociedad de conductores, la instalación del Gran Congreso Obrero Nacional Independiente. El nombre del nuevo Congreso, al incluir en su denominación el mote de "independiente", revelaba las intenciones de sus dirigentes, quienes explicitaron su rechazo a la subordinación pública que había originado la ruptura y manifestaron la intención de mantenerse ajenos a las cuestiones políticas.

A la par que los cuestionamientos sobre el Congreso Obrero y la fundación de uno nuevo ocupaban la atención de la prensa capitalina, la dirigencia mutualista adicta al régimen comenzó a diseñar las bases y el programa de su reactivación. El Congreso Obrero, fundado en 1879, inició su renovación dando a conocer por medio de *La Convención Radical Obrera* sus actividades y planes de acción. En primer lugar, la mesa directiva del CO convocó, para el día 27 de enero de 1895, a una junta general en el local de la sociedad Fe, Esperanza y Caridad, allí se llevaría a cabo la ceremonia de reapertura del Congreso, donde se procedería a convalidar las credenciales de los representantes de las sociedades que lo conformaban. Congruente con lo que había sido su desempeño a lo largo de los últimos años, y omitiendo las críticas que habían provocado la escisión de la institución laboral, la primera determinación aprobada por el CO fue realizar "una manifestación pública y patriótica, con el objeto de felicitar al Primer magistrado de la Nación por la actitud prudente y enérgica que ha observado en el asunto de Guatemala, y para ofrecerle a la vez los servicios de la clase obrera para el caso en que México tenga que apelar a las armas para defender su dignidad".[68]

El lunes 4 de febrero de 1895, alrededor de las 9 de la mañana, comenzaron a llegar al Paseo de la Reforma comisiones de las sociedades mutualistas

> Flameaban los estandartes llevados por los delegados, y el Presidente del Congreso Obrero les daba colocación en el desfile que se organizaba rumbo al Palacio Nacional [...] Momentos después de la llegada de los manifestantes [al Palacio] se presentó el Sr. Gral. Díaz.
>
> Fue saludado el Sr. Presidente con una tempestad de aplausos y vivas prolongados [...] El Presidente de la República contestó, agradeciendo las felicitaciones de que era objeto y los afectos que le hacía la clase obrera [...]

[68] La negociación de los límites fronterizos entre México y Guatemala fue un problema de difícil y accidentada resolución. En 1894 los comisionados de ambos países no lograban ponerse de acuerdo a fin de decidir "si un paralelo que servía de límite debía concluir al tocar el Usumacinta —según México— o uno de sus afluentes, el río de La Pasión —según Guatemala—". Cosío Villegas, 1960, p. 310; *La Convención Radical Obrera*, 3 de febrero de 1895.

> [A continuación declaró] "El Gobierno que presido, se halla sumamente reconocido por todas estas demostraciones que son el sello de la aprobación de su conducta, y de que en cualquier emergencia contaré con todo el pueblo mexicano".[69]

Si la movilización en apoyo de Díaz, como acto público inaugural de la nueva etapa del CO, constituyó un episodio acorde con el desempeño sostenido por la institución, la conformación de su nueva mesa directiva se inscribe en esta aparente revitalización institucional que no implicó cambio alguno, por el contrario, sirvió para aceitar la maquinaria laboral porfiriana. Más allá de los cuestionamientos recibidos y de las públicas manifestaciones realizadas por Pedro Ordóñez, aclarando que no deseaba seguir desempeñando la presidencia del Congreso Obrero, el 25 de febrero de 1895 fue reelegido como máxima autoridad de la institución.[70]

Dos propuestas fueron aprobadas por la flamante mesa directiva. La primera consistía en abrir una suscripción entre los socios de las mutualidades, así como entre los trabajadores de los talleres y fábricas de la ciudad y el Valle de México, con el propósito de socorrer a las víctimas de Temamatla;[71] la segunda moción se proponía incentivar la presentación de obreros y artesanos en la Exposición Nacional de Industria y Bellas Artes que se llevaría a cabo en 1896.[72]

Quedaba así inaugurada la reinstalación del segundo Congreso Obrero, el cual hacía saber que sus propósitos eran "coadyuvar al progreso de la Nación

[69] *La Convención Radical Obrera*, 10 de febrero de 1895.

[70] La mesa directiva quedó compuesta de la siguiente manera: Pedro Ordóñez, presidente; Abraham A. Chávez, vicepresidente; J.N. Serrano y Domínguez, primer secretario; Javier Klée, segundo secretario; Pedro Portilla, prosecretario; Manuel de la Barrera, prosecretario. *La Convención Radical Obrera*, 3 de marzo de 1895.

[71] En 1895, en la línea del Ferrocarril Interoceánico que unía Temamatla con Tenango, se produjo un descarrilamiento que terminó costando la vida a más de 100 personas. *La Convención Radical Obrera*, 17 de marzo de 1895.

[72] *La Convención Radical Obrera*, 24 de marzo de 1895. Este periódico alentó desde sus páginas la concreción de la primera Exposición Nacional, en sus artículos expresaba que este evento se podía "considerar como Internacional, puesto que, como es sabido, varios países extranjeros van a tomar participación en dicho Certamen". Este acontecimiento era percibido como una gran oportunidad para que "la inteligencia" de los mexicanos "sea admirada y apreciada [...] por los hombres de conciencia de allende los mares, [quienes] procurarán explotarla, como han explotado nuestras riquezas minera y agrícola, ya ofreciendo trabajo bien remunerado en talleres artísticos que se establezcan, o ya solicitando obreros para establecimientos fundados en el extranjero, y de todos modos los artesanos mexicanos ganarían". *La Convención Radical Obrera*, 2 de enero de 1896.

procurando la Unión, sosteniendo la Paz y protegiendo al Trabajo".[73] De esta forma, el CO aseguró su permanencia y reinserción en el universo mutualista sin necesidad de modificaciones sustanciales; por el contrario, la reelección de su dirigencia y la movilización pública de los socios mutualistas, como muestra de apoyo al presidente en el conflicto que México sostenía con Guatemala, sirvió para confirmar la continuidad de sus prácticas, haciendo explícita la trama de interrelaciones entre el Congreso y el poder porfiriano.

El intento del grupo disidente por afirmarse como una institución laboral alterna y prescindente de las cuestiones políticas no logró cuajar, y desapareció a los pocos meses de la escena mutualista urbana. Si bien la efímera existencia del Congreso Obrero Nacional Independiente confirmó la hegemonía del segundo Congreso Obrero en el mundo del trabajo organizado, el papel político desempeñado por la dirigencia artesanal sufriría, a partir de ese momento, una marginación sustancial. A partir de 1896 los líderes del artesanado perderían, a manos de los representantes de la emergente Unión Liberal, la dirección de la maquinaria electoralista porfiriana; de ahí en más la continuidad de Díaz en el poder se sustentaría en renovados cuadros dirigentes.

c] *La inserción de las sociedades de auxilios mutuos en el proyecto porfiriano*

Como vimos, el destino de las sociedades mutualistas mexicanas fue condicionando por la Constitución de 1857 y el Código Civil de 1871, que clausuraron para las mutuales cualquier posibilidad de participación directa en la esfera política, circunscribiendo su radio de acción al espacio socioeconómico. En este contexto, la necesidad de vincularse con el gobierno para dar a conocer sus demandas y canalizar sus reclamos fue articulada por la dirigencia artesanal, que desde la República Restaurada ofició de interlocutora entre la esfera civil laboral y el poder político.[74]

Careciendo de un vínculo directo con las instituciones estatales, la relación de los líderes artesanales con los gobiernos liberales se convirtió en subordinación. Los nexos que el Gran Círculo de Obreros de México sostuvo de 1872 a 1882 con el poder público son una muestra de los mecanismos clientelares establecidos con las organizaciones mutualistas. Subsidios, entrega de

[73] *La Convención Radical Obrera*, 24 de marzo de 1895.

[74] Illades, 1996, 2001.

lotes en los panteones y becas escolares fueron algunas de las prebendas que conformaron el entramado de relaciones entre la esfera política y las agrupaciones de artesanos.[75]

Porfirio Díaz afianzó e institucionalizó, por medio del Congreso Obrero y la Convención Radical Obrera, los vínculos que existían entre las sociedades de ayuda mutua y el poder público a partir de la República Restaurada. Aprovechando la actuación de los líderes artesanales como intermediarios entre los espacios laborales y la esfera política y valiéndose de su impronta liberal, el poder porfiriano integró a un importante segmento de la dirigencia artesanal organizada en el segundo Congreso Obrero —en la que se destacaron los nombres de José M. González, Pedro Ordóñez, Carmen Huerta y Francisco de P. González— y consolidó a la Convención Radical como un círculo político obrero, subordinado a su poder.

Ahora bien, ¿qué mutuales integraban la estructura del CO y la CRO? Carlos Illades precisa que entre 1853 y 1876 se fundaron en la ciudad de México un total de 31 sociedades de auxilios mutuos.[76] Por nuestra parte, podemos afirmar que entre 1876 y 1890 el número de asociaciones creció significativamente, teniendo en cuenta que en 1890 sesenta mutuales formaban parte del Congreso Obrero y la Convención Radical Obrera.[77] De éstas, sólo seis eran mutuales fundadas entre 1853 y 1876, es decir, mantuvieron una presencia constante en el mundo laboral integrándose a la estructura del segundo CO y la CRO. Estas sociedades fueron las siguientes: Fraternal del Ramo de Costureras, Ramo de Sastrería para Auxilios Mutuos, Unionista de Sombrereros, Esperanza de Zapateros, Filarmónica de Auxilios Mutuos, Unión y Concordia de Meseros. Posiblemente, frente al deterioro de las condiciones laborales del ámbito artesanal, los dirigentes optaron por reafirmar la alianza con el poder público como una estrategia destinada a garantizar la pervivencia y resguardo de sus oficios.[78]

[75] Para un análisis sugerente de la relación existente entre el Estado y los artesanos en la República Restaurada, véase ILLADES, 1996, pp. 115-151.

[76] ILLADES, 1996, pp. 108-109.

[77] El periódico *El Socialista* afirmaba que en 1882 existían más de 100 sociedades mutualistas que reunían un total de 50 236 afiliados. Si bien esta cifra parece exagerada, constituye un referente a tener en cuenta para alcanzar a medir el fluctuante contingente mutualista de la ciudad de México. *El Socialista*, 26 de septiembre de 1882.

[78] Las mutuales organizadas en el Congreso Obrero reflejan la constitución del mundo del trabajo de la ciudad de México en el periodo analizado, es decir, revelan la fuerza y preeminencia del artesanado. Esta preponderancia empezará a declinar a partir de la década de los noventa "a medida que nuevas formas de organización y tecnología empezaron a desplazar a muchos trabajadores calificados y no calificados [...] a medida que la nueva maquinaria y organización

Las sociedades mutualistas que florecieron con mayor vigor —a partir de mediados de los ochenta— fueron las de mujeres, específicamente las de costureras y cigarreras que se incorporaron a la Convención y el Congreso.[79] Las sociedades mutualistas de tipógrafos, impresores y periodistas —que proliferaron entre 1853 y 1876— estuvieron ausentes en dichas organizaciones laborales, por lo menos durante las décadas en estudio.[80] Si bien para el periodo analizado contamos con datos que confirman la continuidad de la Sociedad Fraternal de Encuadernadores, la Sociedad Mutua de Impresores y la fundación en 1882 de la Sociedad Unión Tipográfica, ninguna de estas mutuales formó parte de la estructura del CO y la CRO. Esta ausencia puede empezar a explicarse teniendo en cuenta la conflictiva relación que, signada por la censura y la represión, Díaz sostuvo con periodistas, tipógrafos e impresores independientes.[81]

Fue también importante la ausencia de sociedades textiles en el directorio del Congreso Obrero y la Convención Radical Obrera (excepciones fueron la Sociedad de Tejedores Minerva, fundada en 1880 y que después de un periodo de inactividad fue reorganizada en 1890, y la Sociedad de Obreros Libres conformada por los trabajadores de la fábrica de hilados y tejidos de Río Hondo). Este sector industrial fue uno de los más pujantes del Valle de México y sostuvo, en la década de los setenta, una importante presencia en el Gran Círculo de Obreros de México. Los obreros textiles tuvieron una marcada tradición combativa que es posible constatar en las protestas fabriles.[82] Es probable que esa tradición de lucha influyera en su postura frente al régimen y, por ende, condicionara su integración en las organizaciones laborales oficialistas.

---

de los talleres hizo que muchos de los trabajadores, jornaleros y maestros artesanos fueran innecesarios, frente a nuevos talleres medianos, semimecanizados". LEAR, 1996, p. 281.

[79] Destacamos las siguientes sociedades mutualistas: Fraternal de Costureras, Sor Juana Inés de la Cruz, Hijas del Trabajo, Leona Vicario, Tesoro del Hogar, Constancia e Industria, Unión y Concordia, Isidro Hernández, El Faro de la Niñez, Esperanza en el Porvenir. "Aun cuando la ciudad de México nunca tuvo un carácter predominantemente industrial, el número de obreros en las fábricas, primordialmente en las ramas textil y tabacalera, se incrementó sustancialmente. LEAR, 1996, p. 281. Ahora bien, en las fábricas de cigarros la introducción de maquinaria no supuso la tecnificación completa del proceso productivo, "las mujeres no sólo continuaron con la labor manual de los puros, incluso en las factorías que empleaban máquinas en la fabricación de los cigarrillos, las obreras realizaban fases parciales o terminales de la producción". LIMONES CENICEROS, 1993, p. 46.

[80] Entre 1853 y 1876, Illades señala la fundación de las siguientes sociedades del "arte de leer": Socialista de Tipógrafos Mexicanos, Tipográfica Mexicana, Impresores, Regeneradora del Nobilísimo Arte de Gutenberg y la Fraternal de Encuadernadores. ILLADES, 1996, p. 109.

[81] La relación de la prensa con el poder porfiriano a fines del siglo XIX ha sido estudiada de forma compleja y detallada por GANTÚS, 2009.

[82] Véase un análisis de la protesta obrera entre 1864 y 1884 en TRUJILLO BOLIO, 1997.

Más allá de estas significativas ausencias, la Convención Radical Obrera y el Congreso Obrero homogeneizaron, tras el discurso oficialista, gran parte del universo de sociedades mutualistas, muchas de las cuales contaban con un numeroso caudal de socios. Mencionamos, por ejemplo, a la Sociedad Unión y Concordia de Meseros, que fundada en 1874, alcanzó en 1882 un total de 2 000 miembros mutualistas, y en 1885 llegó a tener 3 500 afiliados.[83] En tal sentido, el CO y la CRO fueron organizaciones reformuladas e instituidas por Díaz para condicionar los valores, las ideas y los comportamientos de un nutrido segmento de la clase trabajadora. El poder político porfiriano se apropió de estos espacios para articular el control y la coacción estatal sobre el mundo del trabajo, logrando incidir en la conformación de una particular cultura e identidad obrera atravesada por el ideario mutualista y liberal.

Las sociedades de ayuda mutua eran consideradas un dispositivo pedagógico, en la medida que actuaban como una escuela de orden, civismo y alfabetización:

> el obrero que se asocia comienza por dignificarse, pues ya sabe que si obra mal, es arrojado vergonzosamente de la Sociedad y no admitido después en ninguna: se educa en los principios democráticos, desde el momento que para nombrar sus funcionarios, hace uso del sagrado derecho de elegir, se acostumbra a respetar a la autoridad que emanó de su voto libre [...] tiene por fuerza que pulir su lenguaje, para darse a comprender en las discusiones; si no sabe leer aprende, lo mismo que a escribir, porque puede salir electo en alguna comisión.[84]

Según la Convención Radical, el individuo que accedía a la mutualidad asistía a una regeneración que contribuía a su engrandecimiento como ciudadano, en tanto ejercitaba las virtudes cívicas que colaboraban en el engranaje de la máquina del progreso porfiriano. El conocimiento de los mecanismos electorales, la posibilidad de elegir y ser elegido y el respeto a las autoridades —prácticas propias de la sociabilidad mutualista— contribuían al fortalecimiento de la cultura republicana.

[83] GONZÁLEZ NAVARRO, 1957, p. 347.

[84] *La Convención Radical*, 22 de mayo de 1887; VILLALOBOS CALDERÓN, 1978, p. 42. En este sentido, John Lear señala: "The traditional language of mutualism in Mexico invoked patriotism (usually linked to obedience to authorities), hard work, and moral behavior, values evidenced in the names of the societies. [...] the more dominant mutualist idiom, and the one strongly encouraged by officials and employers, spoke not only of unity among workers but also of unity between workers and their bosses". LEAR, 2001, p. 111.

En tal sentido, cabe señalar la paradoja que se cernía sobre estos espacios mutualistas que inscribían sus prácticas en un ideario liberal, pero se insertaban en un proyecto político de carácter autoritario. Aun cuando la mutualidad se definía como una "asociación voluntaria de individuos libres y jurídicamente iguales [con] una estructura democrática que otorga a los socios la posibilidad de votar y ser electos, tiene una independencia formal del poder público, no apela a la coerción como mecanismo de control [y] no demanda la adhesión absoluta de sus miembros",[85] a fines del siglo XIX estas pautas de funcionamiento sufrieron las consecuencias de la sujeción al poder público. Sus prácticas internas democráticas y su carácter voluntario se diluyeron en la arena pública, en la que su participación fue impulsada a partir de la asimilación y coerción estatal. Las movilizaciones terminaron consolidando un tipo de participación basado, la mayoría de las veces, en la compulsión del contingente mutualista sobre el que también recayeron denuncias de soborno. En respuesta a un artículo del periódico *La Voz de México*, que ponía en duda los móviles de la asistencia obrera en los festejos cívicos del 5 de febrero, los dirigentes de la Convención respondieron:

> asegura maligna y equivocadamente *La Voz que una mala murga iba a la cabeza de esos honorables ciudadanos populacheros*. Con el mismo aplomo afirma también que un grupo de cargadores de a peseta por cabeza, otro de zapateros, *maestros aguadores*, sastrecillos, y torcedoras, formaban, sumados, la procesión cívica [...] En cuanto a que se haya pagado a los cargadores, ésta es una calumnia contra la cual protestamos a nombre de ese grupo vigoroso y patriota.[86]

Frente a las cuestionadas movilizaciones oficialistas, el poder porfiriano reafirmaba que

> gratas y espontáneas son de gran importancia y trascendencia práctica en la vida social de los pueblos que tienen la dicha de ser su teatro [...] ellas significan que el pueblo compacto está a la espalda de su gobierno, que le reconoce como su legítimo representante en el ejercicio del poder público [...] ellas significan que el pueblo está contento y conforme con el sistema y con el programa que su gobierno ha empleado [...] significan que el pueblo está contento y satisfecho de las facultades gubernativas y administrativas [...] que el gobierno ha puesto a su servicio.[87]

[85] Esta definición es propuesta por ILLADES, 1996, p. 86.
[86] *La Convención Radical,* 13 de febrero de 1887. Cursivas en el original.
[87] AHUNAM, Fondo Rafael Chousal, caja 33, exp. 33 bis.

Las participaciones públicas, como parte de las aspiraciones gubernamentales para subordinar al contingente mutualista y apoyar las reelecciones de Díaz, fueron un importante vértice del proyecto asociacionista porfiriano, pero no el único. El lenguaje mutualista también trató de inculcar el rechazo a la violencia como forma de protesta. Los acontecimientos políticos de índole internacional, particularmente aquellos vinculados con los sucesos liderados por el anarquismo, fueron reseñados y cuestionados por la prensa del Congreso Obrero y la Convención Radical, que abogó por erradicar cualquier manifestación que implicara el uso de la violencia. En contraposición proponía:

> la conservación de la paz pública, el sostenimiento de un gobierno honrado y paternal y progresista; la instrucción en la escuela, el uso de los derechos que las leyes conceden, la asociación con la caja de ahorros y la huelga en último caso; pero la huelga organizada y pacífica, la huelga que hace que el patrón y el operario discutan y combinen sus intereses, no la huelga con estrépito [...] a donde, por último, el capital y el trabajo, estando tan íntimamente ligados, riñen, se nulifican y se matan sin provecho de nadie.[88]

De esta manera, el discurso mutualista se insertó en el promovido discurso de equilibrio o armonía social. En lo que respecta al ámbito laboral, el ideario mutualista intentó armonizar las relaciones de los obreros con el poder político, de los patrones con los trabajadores y de estos últimos con la colonia extranjera, principalmente con los franceses y españoles.

Este permanente llamado a conciliar los intereses entre las partes fue promovido desde el periódico *La Convención Radical Obrera*. En sus páginas se celebraba el acercamiento entre gobernantes y obreros, quienes "se han estrechado la mano y se han unido de buena fe para hacer la felicidad de la patria".[89] Las manifestaciones públicas de apoyo a Díaz pretendían ser la expresión cabal de la armonía entre gobernantes y gobernados. No menos importante fue la promoción de la concordia entre los patrones y los trabajadores "para que ninguno impida al otro el libre ejercicio de sus derechos, siempre que sea en beneficio de la nación".[90] Finalmente, la CRO consideraba que la tradición mutualista había logrado extinguir de los obreros "ese odio inveterado a los españoles y ese rencor reciente a los franceses".[91]

[88] *La Convención Radical,* 5 de febrero de 1888; VILLALOBOS CALDERÓN, 1978, p. 46.
[89] *La Convención Radical,* 18 de septiembre de 1887.
[90] *La Convención Radical Obrera*, 4 de enero de 1891.
[91] *La Convención Radical,* 22 de mayo de 1887; VILLALOBOS CALDERÓN, 1978, p. 43.

En la celebración por la llegada de un nuevo año, el propietario de la fábrica de casimires La Victoria, el español José Viadero, hizo reunir en su mesa a los representantes del Congreso Obrero y a todos sus trabajadores, "sin excluir ni a los [...] de menor categoría, que son niños", simbolizaba, en buena medida, el propósito de armonía social que formaba parte del ideario político porfiriano. En este caso, la armonía entre trabajadores y propietarios incluía la existente entre los mexicanos y los representantes de las colonias extranjeras. Hay que recordar que un elevado número de propietarios de fábricas eran de origen español o francés, o descendientes de inmigrantes;[92] por ello, el discurso de la prensa obrera se preocupó por remarcar la fraternidad que debía primar entre ambos actores, anhelo que en el contexto mutualista implicaba la armonía entre el capital y el trabajo.

> Allí brindó con entusiasmo [el propietario José Viadero] y de su brindis pudimos recoger estas palabras: "Hijos: lo que puede tener de grandeza esta fábrica, su fama y el porvenir que le espera no es obra exclusivamente mía, corresponde a todos; porque ustedes con su honradez, su constancia y su empeño decidido en secundar mi propósito, han sido mis colaboradores más activos; me complazco en confesarlo y me siento orgulloso al brindar por ustedes, mis buenos amigos". [...] también el Sr. Carmen Huerta [...] el Sr. J.M. González y González y algunos otros invitados brindaron en sentido favorable a la buena armonía entre mexicanos y españoles, por el progreso de la industria, por la armonía entre el capital y el trabajo y por la prosperidad de la fábrica, de su propietario y de los obreros.[93]

Los ideales de armonía social presentes en la prensa del mundo del trabajo convivieron con profundos sentimientos de hispanofobia, expresados mediante múltiples formas.[94] El abarrotero, el empeñero, el capataz de hacien-

[92] En lo que respecta a la organización y origen del empresariado textil en el Valle de México, véase Trujillo Bolio, 2000, pp. 113-167.

[93] *La Convención Radical Obrera*, 8 de enero de 1888. Esta apuesta por la restricción del enfrentamiento social también se dejó traslucir en algunos símbolos mutualistas. Por ejemplo, el estandarte de la Sociedad de Obreros Libres estaba constituido por "dos brazos con las manos entrelazadas, uno de los cuales representaba el brazo vestido de traje del patrón, y el otro estaba cubierto con la tosca tela del uniforme del obrero". Lear, 1996, p. 279.

[94] El ataque a las casas de comercio y fábricas propiedad de españoles, como sucedió en diciembre de 1883 cuando tuvo lugar el denominado motín del níquel, así como los hechos de violencia desatados contra las casas comerciales de peninsulares durante los festejos por la Independencia, reflejan el antagonismo que signó la relación entre españoles y mexicanos. Véase un análisis de la hispanofobia en los aniversarios de la Independencia en Granados García, 2005, pp. 55-89.

da, el propietario de la fábrica y el panadero fueron algunos de los personajes que en razón de su preeminente posición económica se convirtieron en blanco de la xenofobia. Artículos, editoriales y caricaturas expusieron ese sentimiento de aversión. En este contexto de preocupaciones, *El Diario del Hogar* reseñaba

> la interminable cadena de abusos cometidos por los dueños de las panaderías, que siendo en reducido número, y en su totalidad de origen español, con frecuencia se reúnen, se ponen de acuerdo y ya reducen el tamaño del pan a su última expresión, ya encarecen el precio, [...] se proponen explotar al operario de una manera inconsiderable. El monopolio que ejercen [...] los pone en las condiciones de desarrollar su avaricia en desmedida proporción [...]
>
> Esta práctica es una de las muchas que mantienen vivo entre el pueblo ese odio inextinguible por los *gachupines*.[95]

Esta tensión social, que podía aflorar en forma de violencia física y verbal (insultos y golpes a propietarios y administradores españoles, así como apedrear casas comerciales o fábricas de peninsulares), se debe comprender teniendo en cuenta las implicaciones provocadas por el "choque de dos culturas, dos tradiciones en conflicto", sin descuidar que este antagonismo también hunde sus raíces en otras causas, igual de profundas, es decir, al hablar de hispanofobia no se puede "descartar el choque entre quienes más tienen y los desposeídos, entre los propietarios del capital, ya fuera en la tierra, en la banca o en el comercio y quienes sólo tienen la fuerza de su trabajo y una explotación secular".[96] En síntesis, siguiendo a Clara Lida, el conflicto entre mexicanos y españoles debe contemplar para su explicación que "no sólo había etnicidades en conflicto, sino también clases en conflicto".[97]

La promoción en favor de la armonía social se complementó con una estrategia tendiente a definir la forma en que los trabajadores debían instrumentar sus demandas laborales. En tal sentido, los líderes del Congreso y la Convención Radical desempeñaron un destacado papel en lo que respecta a la conformación de una cultura del trabajo encaminada a la conciliación y la mediación.[98] El

[95] *El Diario del Hogar*, 7 de junio de 1900. Con motivo de esta huelga, el 10 de junio de 1900 el periódico *El Hijo del Ahuizote* publicó, con el título "La codicia rompe el saco", una caricatura que sintetizaba las supuestas particularidades del panadero "gachupín".

[96] Lida, 2006, p. 164.

[97] *Ibídem*, pp. 163-164.

[98] Los representantes del Congreso Obrero mediaron en importantes conflictos laborales, entre los que destacan su intervención en las huelgas declaradas en la década de los ochenta en la industria tabacalera.

gran logro del porfiriato —por lo menos en el periodo en estudio— fue encauzar la lucha laboral hacia la tendencia política, es decir, aquella que inducía a los obreros "a luchar exclusivamente (sin pensar en trabajadores de otros lugares o de otros oficios) por obtener protección de las autoridades contra sus patrones, y para que sus conquistas se incorporaran al derecho público".[99] Esta modalidad implicaba la intervención de las autoridades políticas y alejaba a los trabajadores de la confrontación directa con los patrones, de la lucha corporativa y la negociación autónoma, definiendo y acotando los márgenes de acción y subordinación del incipiente movimiento obrero.

Gran parte de los trabajadores que se declararon en huelga entre 1886 y 1895 recurrieron a la intervención y mediación política del gobernador del Distrito o de Pedro Ordóñez (regidor de ayuntamiento, presidente del Congreso Obrero y vicepresidente de la Convención Radical Obrera). De esta manera, evitaban el conflicto directo con los propietarios de las fábricas y cancelaban la posibilidad de una negociación directa con los patrones e independiente del poder público. Salvo excepciones, como el caso de la huelga general sostenida por las cigarreras de 12 fábricas de la ciudad de México en 1885, gran parte de las luchas entre el capital y el trabajo no contemplaron la situación de otros trabajadores del mismo ramo productivo, ni siquiera la propia de los obreros que realizaban tareas en otras secciones del establecimiento que se declaraba en huelga.[100] La división entre ellos o la negativa de algunos obreros a entrar en huelga condicionó la posibilidad de vincularlos en términos de clase, debilitando su fuerza de negociación. Por ejemplo, en 1895 un grupo de operarias de la fábrica de cigarros *El Premio* entró violentamente al establecimiento para impedir que sus compañeras aceptaran la rebaja del jornal, "pues si éstas trabajan por cuarenta centavos, no tardarán los demás fabricantes en seguir la conducta del propietario de la citada fábrica".[101]

[99] WOMACK, 1999, p. 419.

[100] "Hace dos años [...] que hubo necesidad de establecer una huelga general de cigarreras, que duró cerca de veinte días y que hubiera dado el triunfo a éstas, si se sostienen un poco más de tiempo; pero [...] empezaron ellas a entrar a las fábricas incondicionalmente, destruyendo desde luego las ventajas que con tanto afán y penalidades les había proporcionado el Congreso Obrero y de las que iban ya a disfrutar en los momentos en que ellas mismas se traicionaron". *La Convención Radical Obrera*, 14 de agosto de 1887.

[101] *El Noticioso*, 11 de mayo de 1895. Un año antes, las torcedoras de la fábrica *El Modelo*, ante la amenaza de la introducción de maquinaria, apedrearon el establecimiento. "Muchas obreras se lamentaban de la violenta determinación de sus compañeras, pues decían que todas estas cosas las perjudicaban y suplicaban a los dueños de la fábrica que nos se les considerara como revoltosas". *El Noticioso*, 19 de octubre de 1895. Para un análisis de las formas de protesta de las cigarreras mexicanas durante la segunda mitad del siglo XIX, véase TEITELBAUM y GUTIÉRREZ, 2009.

La opción por canalizar políticamente los conflictos laborales se vio reforzada —como en el caso de las cigarreras— con la constitución de las sociedades mutualistas que, amparadas bajo la égida del Congreso Obrero, integraron en su cuerpo directivo a destacadas figuras públicas que desempeñaron diversos cargos honoríficos. Por ejemplo, en diciembre de 1887 un grupo de cigarreras constituyeron la Sociedad Mutualista Hijas del Trabajo, nombrando como presidenta de honor a Manuela Arango de Carrillo, esposa del presidente de la Convención Radical Obrera, Hermenegildo Carrillo. Asimismo, en su Junta de Honor contaron con la presencia de Carmen Romero Rubio, esposa del general Porfirio Díaz, quien se desempeñaba también como presidenta de la Sociedad Fraternal de Costureras.

Más allá de los cargos honoríficos, las sociedades mutualistas, particularmente las vinculadas con el trabajo femenino, buscaron "la influencia valiosísima" de Carmen Romero Rubio para que la interponga ante su esposo "a fin de obtener de tan digno primer magistrado de la República la protección decidida en bien de nuestras sufridas obreras". En este caso, se trataba de conseguir el apoyo económico para la fundación de una fábrica de cigarros destinada a "acreditar nuestra marca La Universal, que ya está registrada en la Secretaría de Fomento", con las ganancias se pretendía seguir fundando fábricas y talleres que pudieran revertir "la triste situación de nuestra clase obrera".[102]

Lejos del rechazo que en otras latitudes mostraban anarquistas y sindicalistas revolucionarios frente a la vinculación con el Estado, la relación establecida entre gran parte de los trabajadores urbanos mexicanos y el poder político los alejó —por lo menos hasta principios del siglo XX— de una posible transición que convirtiera las sociedades mutualistas en sociedades de resistencia. Además, la casi nula injerencia del socialismo en el mundo obrero urbano limitó una posible alternativa laboral que vinculara a los trabajadores con la política partidaria y con la presencia parlamentaria que, independiente del Estado y los dictados del liberalismo, se abriera camino en las luchas y demandas corporativas.

La impronta del liberalismo también tiñó las reivindicaciones de trabajadores que no estaban bajo la órbita del asociacionismo oficialista, como fue el caso de los operarios panaderos, quienes en 1895 se declararon en huelga exigiendo la salida diaria de las tahonas. En esa ocasión hicieron llegar a la redacción de *El Noticioso* una carta dirigida al gobernador del Distrito Federal, esta misiva constituye uno de los pocos referentes que permite evaluar la filiación de los trabajadores de panaderías con el ideario liberal.

[102] AHUNAM, Fondo Rafael Chousal, caja 8, exp. 97.

> El buen nombre de la Nación no permitirá jamás, sobre el prestigio que tiene, admitir, según el buen criterio, que *la ley sea desigual, porque bizcocheros somos esclavizados y por la referida ley tenemos que ejecutar.*
>
> Ante el C. Gobernador tenemos el sentimiento todos en unión, que nuestras facultades personales tienen por objeto realizar lo que en la tan nombrada Carta Fundamental está escrito, según lo dijo el C. y *Benemérito Benito Juárez.*
>
> Si hoy la ley ha protestado la esclavitud, yo y mis compañeros empuñamos la bandera de *la libertad,* obligando a todos que sepamos cumplir con un deber de la justicia y pedimos por medio de la prensa *se publique para que sea cumplido el artículo* [que] por no errar se lo dejo a su elección.
>
> Que la sombra del Ilustre Juárez venga de su sepulcro a [a]minorar las crueldades del fanatismo y reclamando sus justos juicios del gabinete, se realice lo que la Reforma ha ya conquistado en todo el universo.[103]

Esta carta revela que los operarios de panadería, lejos de reivindicaciones y discurso de clase, exaltaron los principios liberales de la Constitución Nacional de 1857 para sustentar sus reclamos laborales. La Carta Fundamental estipulaba que en la "República [mexicana] todos nacen libres"; asimismo, en el artículo quinto afirmaba que "la ley no puede autorizar ningún contrato que tenga por objeto la pérdida o el irrevocable sacrificio de la libertad del hombre, ya sea por causa de trabajo, educación o voto religioso".[104] Probablemente éste fue el artículo constitucional que los operarios no citaron "para no errar".

Libertad y esclavitud fueron los términos antagónicos que sirvieron para articular el reclamo panadero. Los trabajadores denunciaban que sus condiciones laborales se asemejaban a una verdadera esclavitud y reclamaron la "independencia" de esa condición amparándose en el ideario liberal, cuyo símbolo encarnaba Benito Juárez y la Constitución de 1857. Lejos de reivindicaciones clasistas y de los ideales socialistas y anarquistas que en otras latitudes del continente los trabajadores hacían oír, los panaderos exigían el cumplimiento de la Constitución nacional y reclamaban la observancia del precepto constitucional que hacía de todos los mexicanos hombres libres e iguales ante la ley. Esta misiva evidencia la forma en que los principios liberales fueron incorporados y utilizados por los trabajadores en sus reivindicaciones laborales, materializando uno de los tantos encuentros entre el liberalismo y las clases trabajadoras.

Merece destacarse que el motivo que desató esta medida de fuerza fue la compulsiva retención de los operarios en las panaderías, encierro que debían

[103] *El Noticioso*, 2 de agosto de 1895.

[104] Constitución de los Estados Unidos Mexicanos, 1857.

soportar aun en las horas de descanso.[105] La huelga fue encabezada por un grupo de panaderos pertenecientes a las tahonas Del Reloj, Factor, Santa Ana y Santa María, todas ellas propiedad de los españoles Garaycohea e Iriarte, quienes habían concedido a sus empleados el permiso para descansar fuera de los establecimientos. Grupos de trabajadores, beneficiados con la medida, "recorrieron varias panaderías con el objeto de solicitar de sus dueños que permitieran a los oficiales que se dedican a la fabricación de pan, saliesen a sus casas durante el tiempo que tienen de descanso".[106]

Recorrer las panaderías capitalinas para hacer extensiva una reivindicación laboral que, hasta ese momento, sólo era privilegio de unos pocos constituye una singularidad. La huelga no fue motivada por operarios disconformes con su situación, por el contrario, la medida de descontento fue encabezada por quienes habían accedido a una prerrogativa largamente acariciada por todos los panaderos. Este mecanismo evidencia cómo algunos trabajadores subvirtieron las bases de la "tendencia política" y contemplaron la situación de sus pares.

En síntesis, si asumimos que la formación de clase es un proceso histórico, real y empírico, es necesario advertir las particularidades que motivaron esta construcción, sin descuidar las tensiones, conflictos y ambigüedades que le fueron propias.[107] En lo que respecta a los trabajadores mexicanos de fines del siglo XIX, es útil advertir la imbricación de lenguajes laborales de impronta liberal con la incipiente formulación de un discurso de clase; la coexistencia de la mediación del poder político en los conflictos laborales con acciones que suponían la confrontación directa con los patrones; la solidaridad de panaderos y "torcedoras" frente a las huelgas de sus pares de otros ámbitos laborales, así como la actitud prescindente de muchos operarios ante la lucha de sus compañeros; la simultaneidad de las expresiones de hispanofobia con participaciones públicas en que los obreros promovían la armonía entre mexicanos y extranjeros. En síntesis, la clase es definida por los hombres mientras viven su propia historia y, al final de cuentas, ésa es su única definición.[108]

[105] Para una aproximación al mundo panadero de fines del siglo XIX, sus condiciones laborales y su conflictividad social, véase GUTIÉRREZ, 2006, y GUTIÉRREZ y GANTÚS, 2010.

[106] *El Noticioso*, 20 de julio de 1895.

[107] THOMPSON, 2002, pp. 167-169.

[108] THOMPSON, 1984, p. 34.

II
FIESTAS PATRIAS
Y MOVILIZACIONES PÚBLICAS

La asimilación política del contingente mutualista —consumada por el gobierno porfiriano mediante la integración del Congreso Obrero y la Convención Radical— se imbricó con una estrategia de raigambre simbólica que, a partir de 1886, supuso la apropiación y transformación de los espacios festivos del asociacionismo laboral y la institucionalización de las manifestaciones electorales, marcadas por el protagonismo de las clases trabajadoras urbanas.

La mutación que tuvieron las fiestas cívicas con la consolidación de Díaz en el poder, así como la promovida y controlada toma de las calles por los trabajadores en tiempos de comicios, fue parte del proyecto político porfiriano vinculado al mundo del trabajo, mismo que fue sintetizado de forma elocuente por el dirigente mutualista José María González y González. En su opinión, las organizaciones obreras "no teniendo ideales políticos que perseguir, por hallarse consignados en la Constitución del 57 todos los derechos del hombre y del ciudadano y estar México regido por el sistema republicano con una democracia bien definida", debían circunscribir su participación política a "la necesidad de robustecer con su voluntad manifestada de mil maneras, el deseo nacional de arraigar la paz, sosteniendo al gobierno".[1]

En gran medida, esta concepción oficialista terminó acotando la actuación pública de los trabajadores a dos prácticas: la presencia en las movilizaciones que, convocadas por la Convención Radical Obrera (CRO) o el Congreso Obrero (CO), tenían por objeto hacer que artesanos y obreros manifestaran su apoyo al gobierno porfiriano —especialmente en tiempos electorales— y la activa participación en las celebraciones patrias convocadas por el poder estatal. Estas instancias autorizadas y promovidas por la Convención y el Congreso, inscritas en un contexto de subordinación a las autoridades gubernamentales, fueron parte del programa oficial del mutualismo aglutinado en la CRO que llamaba a los obreros a "unirse al gobierno y caminar de acuerdo con él".[2]

[1] *La Convención Radical Obrera*, 14 de agosto de 1892.
[2] *La Convención Radical*, 2 de enero de 1887.

En los años centrales del régimen porfirista, es decir, en la etapa de la consolidación política de Porfirio Díaz en el poder, que ubicamos a partir de 1885, las fiestas cívicas y las movilizaciones electoralistas constituyen dos vértices clave para comprender la relación del poder ejecutivo nacional con las clases trabajadoras organizadas. Si aceptamos que "todo sistema de poder necesita una determinada *mise en scène*, pero, cada época exige componentes (y funciones) distintas en ese aparato teatral",[3] el estudio de los festejos patrios y las manifestaciones públicas nos permite comprender porqué Díaz operó una sustancial transformación de estos espacios participativos, estrategia que implicó subvertir la tradicional participación pública de los trabajadores y renovar los rituales, las imágenes y las representaciones puestas en escena en estos ámbitos festivos.

La fiesta, por medio de sus discursos, rituales y alegorías constituye "una gramática simbólica" que permite manifestar y socializar un proyecto, ya sea de carácter político o religioso.[4] En tal sentido, a lo largo de la historia, las conmemoraciones patrias ofrecieron al poder público una multitud de recursos y posibilidades. En esta amplia gama de funciones se destaca su uso como fuente de consenso y legitimidad institucional; su capacidad para colaborar en la "invención" de una memoria nacional y una historia patria;[5] su potencialidad para recrear e instaurar —mediante la particular organización de los contingentes— determinada idea del orden y la jerarquía social; sus condiciones para imponerse como un espacio de propaganda oficial y, por último, y entre otras muchas alternativas, la posibilidad de hacer de la fiesta un vehículo de persuasión capaz de propiciar entre los asistentes comportamientos y actitudes hacia la autoridad política o determinados grupos sociales. Porfirio Díaz supo capitalizar muchas de las funciones de las fiestas cívicas enumeradas; supo apropiarse de los festejos y dotarlos de renovados significados acordes con sus intereses políticos, sus ideales sociales y su necesidad de legitimación.

[3] GARAVAGLIA, 1996, p. 28.

[4] CHARTIER, 1995, p. 32. Existe una amplia bibliografía sobre el tema de las fiestas y los imaginarios festivos. A modo de ejemplo, para el caso europeo citamos los estudios de OZOUF, 1976; AGULHON, 1981, y HEERS, 1988; para el contexto latinoamericano remitimos a los trabajos de GARAVAGLIA, 1996, 2000; SALVATORE, 1997; ZÁRATE TOSCANO, 2003; ABRASSART, 1999; ILLADES y SANDOVAL, 2000; SURIANO, 2001, y LETTIERI, 2003.

[5] Siguiendo a Garavaglia, es pertinente señalar que el término invención "no tiene nada que ver con los conceptos de 'verdad' o 'mentira', inventar no es mentir, sino *crear*. Las naciones no son mentiras, como tampoco son 'verdades', son creaciones colectivas". GARAVAGLIA, 2000, p. 75.

1. Usos políticos y transformaciones simbólicas de los festejos patrios

a] *Las fiestas cívicas del mutualismo*

Durante la República Restaurada las celebraciones patrias brindaron a los trabajadores un espacio de representación pública, contribuyendo a su reconocimiento e integración como parte constitutiva de la comunidad política y la tradición republicana. En tal sentido, durante esta etapa "la fiesta cívica daba a los ciudadanos de la República del trabajo un lugar dentro del cuerpo político: simbólicamente recuperaban el espacio que les había negado la ley al no conceder derechos políticos a las organizaciones laborales".[6] Así, la fiesta cívica actuó como un mecanismo de compensación capaz de generar un simbólico, pero efectivo, recurso de representación colectiva, que posibilitó el reconocimiento político de los trabajadores.

Ahora bien, más allá de la innegable subordinación política que signó el derrotero del Gran Círculo de Obreros de México, desde su creación hasta su desaparición en 1882, el poder porfiriano no implementó —sino a partir de mediados de la década de 1880— estrategias de apropiación simbólica destinadas a dotar de nuevos significados ideológicos a las fiestas patrias. Tampoco puso en marcha mecanismos de manipulación para obtener el control de la organización y participación pública de los artesanos y obreros en los tradicionales festejos cívicos. Si bien las celebraciones de los trabajadores contaron con la anuencia y, en muchos casos, la presencia de las autoridades estatales, y viceversa, esto no supuso, en un primer momento, la implementación por parte Díaz de una política de manipulación de las fiestas patrias organizadas por los artesanos.

Hasta 1886 los festejos organizados por las clases trabajadoras por el aniversario de la Independencia de México, la batalla de Puebla o para conmemorar la muerte de Benito Juárez constituyeron eventos autónomos y simultáneos a los promovidos por el poder político. Por ejemplo, el 5 de mayo de 1878 el ayuntamiento, a fin solemnizar el decimosexto aniversario del triunfo nacional sobre las tropas francesas, estipuló que el izamiento de la bandera nacional fuera acompañado de música, repiques y cohetes, que "anunciarán que el pueblo se prepara para celebrar este glorioso aniversario". A las ocho de la mañana se reunirían en el panteón de San Fernando las autoridades y empleados del ayuntamiento capitalino para recibir al Presidente de la República y honrar la

[6] Illades y Sandoval, 2000, pp. 128-134.

memoria del general Ignacio Zaragoza. A las nueve horas —en el jardín de la Plaza de la Constitución y ante el presidente Porfirio Díaz— se daría lectura del parte oficial de la batalla del 5 de mayo y diversas personalidades, entre ellos, el representante del Gran Círculo de Obreros, Benjamín Bolaños, pronunciarían discursos conmemorativos. Esta ceremonia se cerraría con el desfile de las tropas de la guarnición frente al Palacio Nacional. Por la tarde, ejercicios de acróbatas en paseos públicos, funciones de teatro, bailes, fuegos artificiales y la entonación de un fragmento de la ópera *Nabucodonosor*, por alumnos de las escuelas municipales, completarían los festejos patrios.[7]

Esa misma noche, del 5 de mayo de 1878, los trabajadores pertenecientes al Gran Círculo de Obreros de México se reunieron en el Casino de su institución para conmemorar, con una velada y una fiesta popular, a los héroes de la batalla de Puebla. "Era natural: muchos de ellos, la mayor parte quizá, asistieron, como soldados del pueblo a aquella jornada heroica, inolvidable para México", que había consumado la segunda y definitiva independencia del país, liberando a la patria del yugo napoleónico.

> A las diez de la noche se abrieron las puertas del Salón [...]
>
> El baile comenzó.
>
> Cerca de las doce de la noche llegaron los Sres. Presidente, general Porfirio Díaz, Ministro de Justicia, D. Protasio Tagle y general Miguel Negrete que tuvieron la bondad de honrar aquella reunión.
>
> Allí no eran los funcionarios públicos, eran los amigos del pueblo.
>
> A las cinco de la mañana del 6 de mayo terminó aquella fiesta popular que, además de la solemnidad de su objeto, tuvo en esencia otro: el de demostrar que los obreros de México [...] son capaces de rendir homenaje al patriotismo y de presentarse ante la sociedad como una clase digna, ilustrada y distinguida, aun a pesar de su infortunio.[8]

En los aniversarios por el "grito de Dolores" y las conmemoraciones por el deceso de Benito Juárez se repitió este paralelismo de celebraciones que, todavía lejos de la fusión festiva que se operaría a mediados de la década de 1880, implicaba una clara distinción entre las fiestas promovidas por el aparato estatal y las organizadas por las clases trabajadoras urbanas. Podemos decir que la presencia de dirigentes mutualistas en los festejos oficiales, así como la ocasional visita de las autoridades políticas a las celebraciones del mundo del

[7] *Periódico Oficial del Gobierno del Distrito Federal*, 5 de mayo de 1878.

[8] *El Socialista*, 12 de mayo de 1878.

trabajo, reafirmaban la asociación del poder público con el mutualismo y confirmaban la función de los líderes de los artesanos como intermediarios entre la esfera civil y el universo político. Pero no supuso —en esta primera etapa— la intromisión y apropiación hegemónica de las fiestas mutualistas por parte del gobierno.

Más allá de las presencias recíprocas, los festejos organizados por el poder público y los concretados por el asociacionismo implicaban una distinción espacial, una diferenciación que nos permite reconstruir la simultaneidad de los festejos patrios. El paralelismo existente entre ambas celebraciones se perdió al imponerse la fusión festiva, operación que supuso desdibujar la iniciativa y capacidad organizativa del mutualismo para transformarlo en parte constitutiva, pero subordinada, de las fiestas oficiales.

Este patrón festivo se repitió en cada celebración patria, año tras año, con escasas modificaciones. El día de la Independencia era inaugurado con el izamiento del pabellón nacional, para continuar a las 9 de la mañana con la reunión de las autoridades municipales y los veteranos de guerra, quienes acompañaban al Presidente al jardín de la Plaza de la Constitución, lugar en el que con discursos cívicos y poemas se honraba a los héroes del proceso independentista. Por la tarde, funciones de teatro, fuegos artificiales, serenatas y bailes populares cerraban los festejos.[9]

De forma simultánea, en el salón del Círculo de Obreros cada año tenían lugar actos que "como todos los de su género, [eran] solemnizado[s] con todo el esplendor, con todo el santo entusiasmo que ha animado siempre a los obreros". A las nueve de la noche "se abrían de par en par las puertas del templo del trabajo. Luces, flores, perfumes, armonías y cuanto tiene de bello el regocijo santo del pueblo, y sobre todo, del pueblo obrero".[10]

b] *La institucionalización de una representación simbólica*

A mediados de la década de 1880 asistimos a una inflexión transformadora de las fiestas cívicas, las formas de celebrar a la patria experimentan mutaciones ligadas a las estrategias de manipulación política del universo mutualista urbano. Como expusimos en el primer capítulo, en 1886 Díaz concretó dos estrategias políticas destinadas a la sujeción del mundo del trabajo: la integración del segundo Congreso Obrero de 1879, mediante la asimilación de sus princi-

[9] *El Socialista*, 16 de septiembre de 1882.
[10] *El Socialista*, 23 de septiembre de 1878.

pales dirigentes, y la reformulación de las bases programáticas de la Convención Radical, a la que convirtió en su brazo político en el universo mutualista.

En este contexto, los líderes del CO y de la CRO fueron los encargados de operar las modificaciones de las fiestas cívicas, implementando la unión de las ceremonias patrias oficialistas con las propias del mutualismo; organizando por primera vez la participación pública de las clases trabajadoras en forma de procesiones cívicas y dotando a las celebraciones de renovados significados y simbolismos.

En tal sentido, con la consolidación de Díaz en el poder, estas fiestas se oficializaron como el espacio avalado y controlado de representación política y participación pública de los trabajadores. Esta institucionalización de los ámbitos conmemorativos de la patria supuso la reformulación de la intervención pública de las clases trabajadoras, que cedieron frente a la voluntad homogeneizadora del poder porfiriano y relegaron su capacidad y autonomía festiva hasta convertirse en invitadas de honor de los espectáculos patrios oficiales.

Las fiestas cívicas actuaron como un instrumento uniformador capaz de transmitir un sistema de valores y un proyecto político que consagraba a Porfirio Díaz como el amigo del pueblo trabajador y el legítimo heredero de la tradición liberal. Las celebraciones patrias pasaron a ser fiestas de Estado, fiestas donde la espontaneidad cedía ante el reclutamiento, convirtiendo a estos ámbitos en uno de los pocos donde la movilización popular se consideraba legítima. Al promediar la década de 1880, las sociedades mutualistas, organizadas en el Congreso Obrero y la Convención Radical Obrera, fueron los actores por excelencia de la movilización política; sus miembros dieron vida a imponentes procesiones cívicas que marchaban en orden y subordinación por las calles de la ciudad.

La prensa obrera se encargó de remarcar que la participación de los socios mutualistas, tanto en las manifestaciones públicas en honor a Juárez, como en las celebraciones por la Independencia nacional o la promulgación de la Constitución eran la evidencia de la reconciliación, del reencuentro entre el gobierno y el pueblo "que sin celos, ni rivalidades de ningún género contribuyen extra-oficial y espontáneamente al mayor lucimiento de la manifestación".[11] Asimismo, señalaba que las manifestaciones patrióticas "además de ser necesarias para mantener vivo el espíritu nacional, implican el grado más o menos de cultura que [el pueblo] alcanza".[12]

[11] *La Convención Radical*, 24 de julio de 1887.

[12] *La Convención Radical*, 6 de febrero de 1887.

El programa festivo, es decir, la imbricación de los diversos elementos que formaban parte de las celebraciones patrias —la organización de los contingentes en las procesiones cívicas, el diseño de los carros alegóricos, el itinerario que seguían los manifestantes, los discursos que se pronunciaban— traducen aspectos centrales de la ideología porfiriana. Su análisis constituye un observatorio para conocer las múltiples funciones que desempeñó la fiesta cívica durante el porfiriato. A modo de ejemplo, la celebración del aniversario por los 30 años de la promulgación de la Constitución de 1857 se convierte en un referente para analizar la manipulación política de los festejos patrios y la importancia que cobró la movilización de los trabajadores urbanos.

En 1887, las comisiones directivas de la Convención Radical y el Congreso Obrero, en coordinación con la Junta Patriótica Privada, fueron las encargadas de conmemorar el aniversario de la promulgación de la Carta constitucional. Decidieron convocar al pueblo mexicano "y muy especialmente a las clases trabajadoras" para solemnizar el aniversario de la Ley fundamental y demostrar la "gratitud a los Constituyentes que con sus trabajos nos dieron el ser político, la libertad y el derecho de ciudadanos".

Una comisión compuesta por miembros de la Convención Radical fue la encargada de visitar personalmente al presidente Díaz para darle a conocer el itinerario de la manifestación popular que recorrería las principales calles céntricas y culminaría su marcha en el panteón de San Fernando, donde serían honrados los restos de Benito Juárez. Los términos en los que la comisión se expresó frente al primer magistrado son elocuentes:

> La corporación a la que pertenecemos ha resuelto celebrar tan glorioso acontecimiento, invitando para ello al pueblo en general y a las numerosas Sociedades de la capital [...]
>
> El popular ciudadano y ameritado jefe que está al frente de nuestra asociación, el Sr. General Hermenegildo Carrillo, nos ha ayudado con su valiosa cooperación [...] debido en mucha parte a su prestigio, hemos logrado organizar esta solemne manifestación patriótica. Él ha sido siempre el benévolo intermediario entre el gobierno que vd. señor Presidente, tan dignamente representa, y las clases obreras de la República.[13]

La asimilación de las clases trabajadoras al poder político fue asumida por Hermenegildo Carrillo, quien sostenía con su compañero de armas, el general Porfirio Díaz, una estrecha relación que en 1886 llevó al Presidente a confiarle

[13] *La Convención Radical*, 6 de febrero de 1887.

el control político del universo mutualista, función que desempeñó en su calidad de presidente de la Convención Radical Obrera. Su figura encarnaba la más patente injerencia del poder público en el mundo del trabajo.

La participación de los socios mutualistas en las fiestas cívicas constituyó parte importante de los mecanismos de subordinación del mundo laboral comandado por Carrillo. En tal sentido, las celebraciones por los 30 años de la promulgación de la Constitución se convierten en una muestra de la manipulación y monopolización política, y en la primera evidencia de la progresiva pérdida de autonomía de los trabajadores para organizar sus festejos patrios.

La organización y composición de los contingentes en la procesión cívica del 5 de febrero de 1887 posibilita aprehender la voluntad disciplinante, pedagógica y política con que el porfiriato dotó a las fiestas patrias. Las modalidades de agrupamiento de los manifestantes patentiza "la composición social, política y simbólica de la población 'celebrante' [...] elabora[ndo] una representación idealizada o un modelo de la sociedad mexicana". Asimismo, logra promover "un control social fuerte, puesto que una de sus propiedades fundamentales es la estructuración", es decir, el control de los movimientos y las manifestaciones de los participantes.[14]

En este contexto, analizaremos la composición de la procesión cívica que el 5 de mayo de 1887 partió de la intersección de las calles de San Juan de Letrán y Santa Isabel. La manifestación fue encabezada por los miembros de las sociedades de cargadores de la Aduana, de la Obrería Mayor y de la Fábrica Nacional de Armas, vestidos de riguroso negro y enarbolando banderas rojas. A continuación desfilaban alrededor de 400 niños, alumnos de escuelas municipales de la capital, quienes portaban banderas nacionales y españolas y eran seguidos por una banda de música militar. Detrás de los escolares marchaba un destacado número de obreros de las fábricas textiles del Valle de México, quienes ondeaban el pabellón tricolor y escoltaban un carro alegórico "tirado por un tronco de caballos frisones guiados por dos palafreneros vestidos con lujosas libreas, este carro llevaba en el centro [...] un gran busto del Benemérito Benito Juárez, en el fondo, en medio de banderas tricolores [...] iba un libro abierto en cuyas fojas se leía 'Constitución de 1857'".[15] Un gran contingente de socios mutualistas, portando el estandarte de sus respectivas organizaciones, marchaban detrás del carruaje; el desfile se cerraba con la presencia de los miembros de las mesas directivas de la Convención Radical, el Congreso Obrero y la Junta Patriótica, quienes ondeaban la bandera mexicana, la española y la francesa.

[14] Abrassart, 1999, p. 54.

[15] *La Convención Radical*, 13 de febrero de 1887.

El orden y la composición de la procesión cívica descrita prefigura aspectos centrales de la relación del mundo del trabajo con el poder político, constituye un laboratorio privilegiado para conocer la representación ideal del pueblo mexicano: la imagen de un "pueblo apto para ser ordenado, organizado, representado y comprometido con el proyecto porfiriano de una nación 'moderna'".[16] La avanzada de la manifestación revela la capacidad oficialista para movilizar a los trabajadores vinculados con el aparato estatal. Asimismo, la singular composición laboral de este grupo —liderado por una figura oficialista como la del comandante Carrillo— manifiesta la progresiva injerencia del poder político, por medio del poder militar, en el mundo laboral organizado.

La presencia de los escolares, desfilando en segundo lugar, muestra la importancia de la fiesta cívica como instrumento integrador capaz de transmitir a los futuros ciudadanos los valores y principios de la historia patria que el régimen proponía —la fiesta aparece como una de las herramientas constructoras de la memoria nacional— y como estrategia de integración al proyecto político porfiriano. De igual forma, los niños proyectan las virtudes cívicas de todo mexicano, es decir, del ciudadano patriota, movilizado y celebrante de su nación. No menos relevante es que los escolares marcharan ondeando los pabellones mexicano y español; esta presencia conjunta de las banderas —que se repetirá en los festejos patrios— simbolizaba la apuesta por la reconciliación de nacionalidades, la preocupación de muchos miembros de las élites políticas porfirianas por inculcar en la población la idea de fraternidad y armonía que debía primar entre nacionales y extranjeros.

Detrás de los niños caminaban los obreros textiles, ellos eran la encarnación de lo que el poder político consideraba la representación del modelo de ciudadano. Los obreros de las fábricas, como adultos varones que contaban con un "modo honesto de vivir" accedían a la categoría o estatus de ciudadano, otorgado constitucionalmente.[17] A su vez, su filiación mutualista los convertía en sujetos alejados de la violencia revolucionaria y la lucha de clases, afirmando su capacidad de movilización ordenada y subordinada al poder público. Su presencia en las fiestas patrias alimentaba su filiación eminentemente liberal. Trabajador, mutualista y liberal, ése era el ciudadano ideal del pueblo mexicano.

[16] Abrassart, 1999, p. 58.

[17] Recordamos que la Constitución de 1857 definía al ciudadano como aquel varón adulto que contara con un "modo honesto de vivir", requisito que "hace referencia a una condición social, económica e incluso moral que reposa siempre en criterios subjetivos de las autoridades locales". En tal sentido, la ciudadanía "se determinaba localmente a partir de un juicio valorativo que arraigaba al individuo con su comunidad". Carmagnani y Hernández Chávez, 1999, pp. 384-385.

Por último, la procesión cívica era escoltada por los representantes de las mesas directivas del Congreso Obrero y la Convención Radical Obrera, esta disposición espacial sintetizaba la actitud de custodia de los dirigentes mutualistas respecto de los trabajadores, encarnaba la vigilancia que ejercían sobre el contingente laboral para que éste llegase con orden y seguridad a su destino. También era significativo que los líderes mutualistas marcharan portando las banderas mexicana, española y francesa, ya que esta convivencia de emblemas representaba la apuesta por la armonía de clases, constituía el mensaje de equilibrio y hermandad que debía sellar la relación entre los patrones extranjeros y los obreros mexicanos.

No menos revelador resulta el itinerario seguido por los manifestantes, que la prensa obrera calculó que ascendían a 3 400 trabajadores. En su trayecto hacia el panteón de San Fernando, a donde se dirigían a fin de honrar los restos de Juárez, pasaron por el Palacio Nacional, desde el balcón el presidente Díaz saludó al contingente mutualista y entonó las estrofas del Himno Nacional. Los "vivas a la Constitución, al Gobierno y a la paz fueron la señal de la marcha" y la cabal expresión del tinte político que esta fiesta había asumido.[18] El paso de los manifestantes por la sede del poder ejecutivo, la presencia del Presidente en el balcón y los vivas pronunciados por los trabajadores simbolizan los comienzos del culto personalista de Díaz, la exaltación de la figura presidencial que encontraría en la movilización de los obreros y artesanos mutualistas una fuente de legitimidad y unanimidad.

Una irónica recreación de esta procesión cívica fue publicada en el combativo periódico *El Hijo del Ahuizote*. Los trazos de la caricatura, titulada "Preludio del Carnaval", permiten profundizar en los renovados sentidos de esta celebración patria.[19] En la imagen, la procesión cívica la encabeza un altar que sostiene el libro de la Constitución de 1857, cuya portada se ilustra con los rostros de Porfirio Díaz y Manuel Romero Rubio (secretario de gobierno) y que, para rematar su singularidad, está atravesado por dos espadas que representan la violación a los principios y derechos constitucionales. La espada más grande alude a las violaciones perpetradas y las que se estaban preparando, ese mismo año de 1887, en favor de la reelección presidencial por un periodo.[20]

[18] *La Convención Radical*, 13 de febrero de 1887.

[19] *El Hijo del Ahuizote*, 6 de febrero de 1887.

[20] En la espada más pequeña —incrustada en el lomo del libro— se lee "ley fuga", en alusión a la práctica bautizada con ese nombre que era aplicada por las fuerzas militares para asesinar por la espalda a los prisioneros, justificando este acto en un supuesto intento de fuga. Un par de meses atrás, esta medida había terminado con la vida de Trinidad García de la Cadena, acusado de conspirar contra el gobierno de Porfirio Díaz.